はじめに

月光荘は、歌から生まれました。

今から100年以上前、歌人の与謝野晶子さんから
「大空の　月の中より君来しや　ひるも光りぬ　夜も光りぬ」
という短歌を、月光荘創業のはなむけに贈っていただいたのです。

それ以来月光荘では、
色と言葉はぴったり頬寄せる大切なパートナー。

整数で割ると余りが出るような思いや色味を大事にしながら、
製品を一つひとつ形にしてきました。

この本では愛や恋を中心的なテーマにしたイラストと言葉の、
絶妙なコラボレーションが楽しめる「ユーモアカード」を、
サイズ・色・レイアウトを再編集してご紹介していきます。
確かに胸の内にあるのに、捉え切れない心情や空気感。
そんなもどかしさを感じた時、アートのエッセンスが力になります。
幸せは手に入れるものではなく、自ら感じとるもの。

１００年を超えて語り継がれてきた
エノグ屋の１００を超える言葉の中に、
今の気分にぴったりくる何かが、そっと見つかりますように。

月光荘三代目店主　日比康造

もくじにかわる言葉として

猪熊弦一郎さんをはじめ、多くのイラストレーターの絵と、そこに添えられた短い言葉で構成されたユーモアカード。絵だけ、言葉だけにはないかけ合わせの妙で、創業者（月光荘おじさんこと橋本兵蔵）の時代から長く月光荘ファンから親しまれてきました。

「ユーモアには心を解放する力がある」と心理学者のフロイトは説いていますが、日々の生活の中の哀歓を、ユーモアで包み込むような役割を、このポストカードが果たしてきているように感じています。

本書では、いろいろな世代のアーティストのみなさんに、ユーモアカードにちなんだ言葉を寄せていただきました。ポストカードで思いを伝えたい大切なパートナーや友人、家族との忘れ得ぬ記憶、伝えずに終わった恋、思いを伝えたけれど成就しなかった恋、成就したけれど終わりを迎えた今も忘れ得ぬ恋など、愛しい言葉が詰まっています。

巻末には、月光荘が開発したエノグ一つひとつに込めた思いを綴った「色ポエム」も収録しました。

創業者が大事にしてきた「大切な人を思う心」が、世代を超え、いつまでも続いていくことを願って。

創業者「月光荘おじさん」が

ユーモアカードに込めた思い

「月光荘おじさん」は、画材屋なのに便せん、封筒、ハガキを売りました。
その理由は？
「画家の友達やら恋人やら。絵は描かんでも、手紙は書くじゃろう。
恋すればするほど、便せんが減るんじゃ」

余白も詩なり絵なり。
笑いは心のおしゃれ。

日本で売っている絵葉書は、ほとんどが袋入りですね。
好きなものも嫌いなものもありましょう。
お客さんが好きなものだけ、何枚でも買える。

これが本当の親切と思います。
ユーモアカードは一枚一枚に絵がある。詩がある。

お正月も　お誕生日も
父の日も　母の日も

季節も絵に添えて「詩《うた》で心をおっしゃいな」
お好きな枚数どうぞ。
ただし、バレンタインカードは1枚きりネ。

「月光荘カタログ」より

★「月光荘カタログ」とは
月光荘おじさんが、月光荘に集まる画家やイラストレーター、作家と共に作りあげ、定期的に発行していた紙媒体。
包み紙としても使われていました。「月光荘しんぶん」とも。

春夏秋冬

これから始まる「ユーモアカード」の章では、
四季折々の言葉が登場します。
まずはその中からひとつ、
春夏秋冬の花にまつわる言葉をあなたに。

れんげ　たんぽぽ
まあがれっと
のぎくに
ゆきわりそう

あなたの愛の
花うらない

あしたもきっと
あえますように。

★月光荘おじさんへの絵手紙
「素晴らしい橋本さんへ。よき思い出に。
1979年　イリヤ・グラズノフ」

エノグ屋の精神がぎっしり詰まった

ユーモアカード

銀座の　小さな　エノグ屋さん
それは　魔法の　エノグ屋さん
だって
筆の林と　エノグの　花に
いつでも　春が来てるもん。
「おじさん、ボンジュール」
「はい　ボンジュール　マドモアゼル。あなたみたいな　お天気ね」

ほどほどに　色気もあって　才もあり
さりとて
つめたすぎもせず
そんなひとに
会って　みたいような　春の宵。

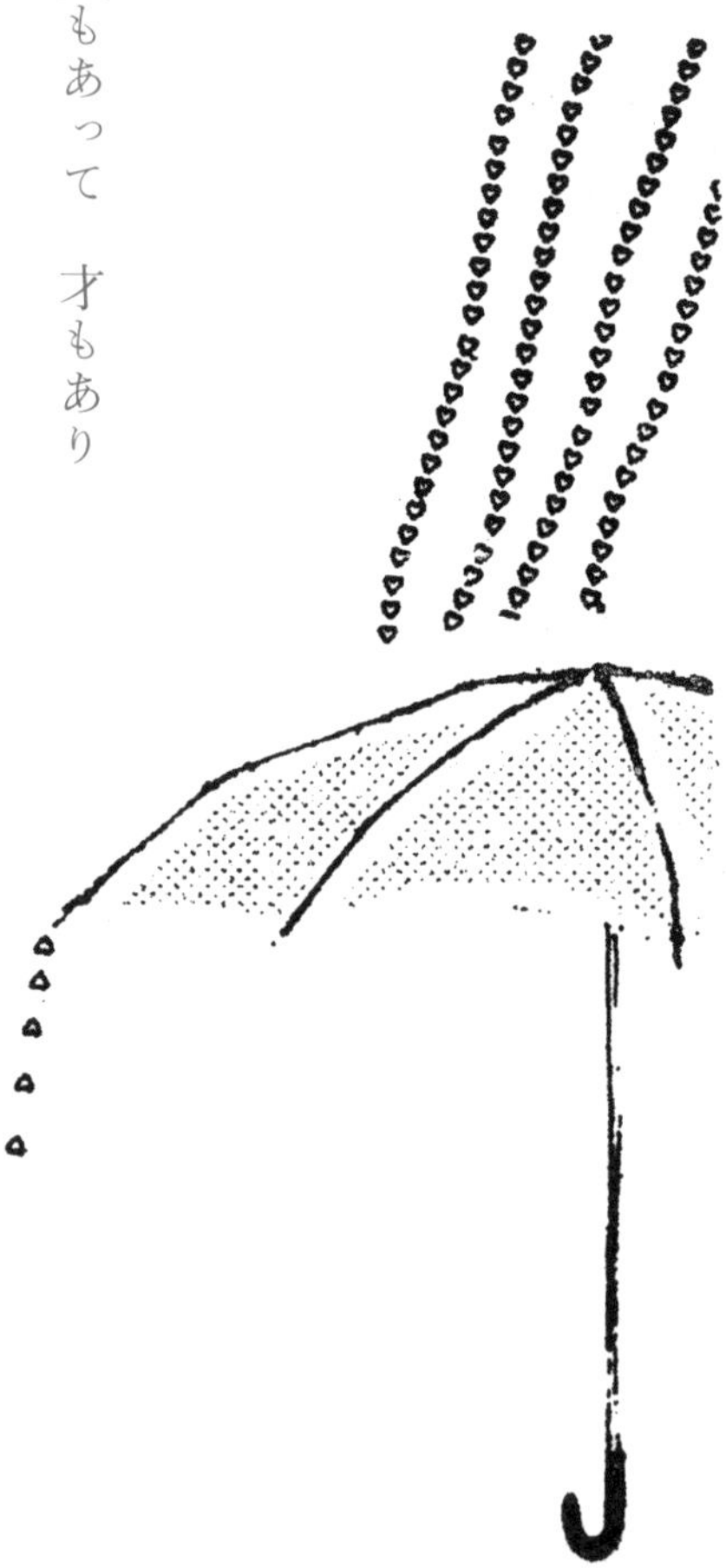

ハートを　とられた夢など
いかが。

Happy Valentine's day.

さりげなく　さりげなく
伝わるといいなこの気持ち

一歩

二歩

さんぽにゆこう

花びらは
鳥のさえずりをまち

わたしは
あなたの
さゝやきをまつ。

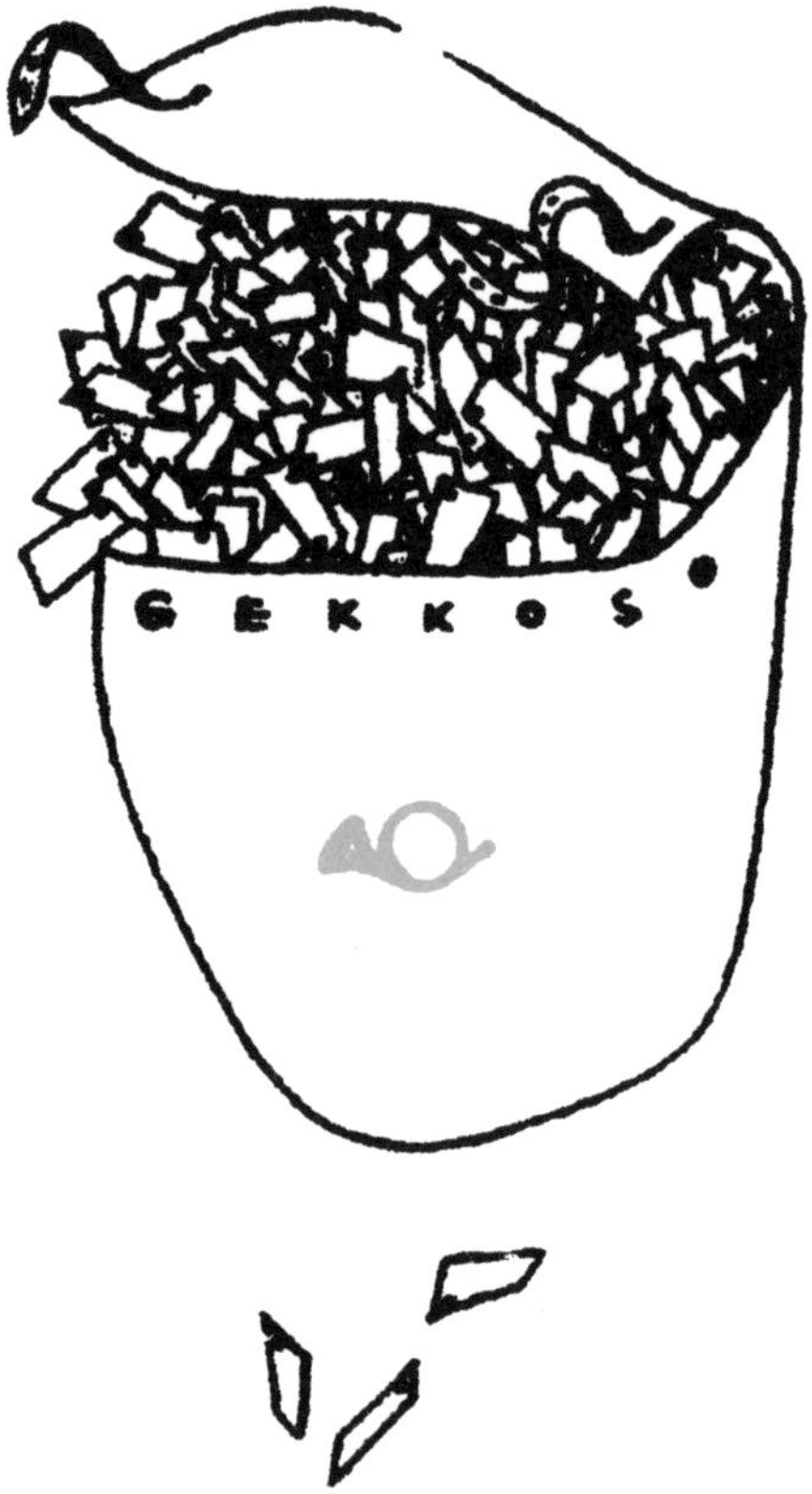
GEKKOSO

花のカンバセ。

にぎやかな小鳥の口笛が
悲しいほどに美しく
スプーンの中で鳴りひびく
愛情の触れあふ時のように
生々とした世界が
うっとりとお皿に映る。

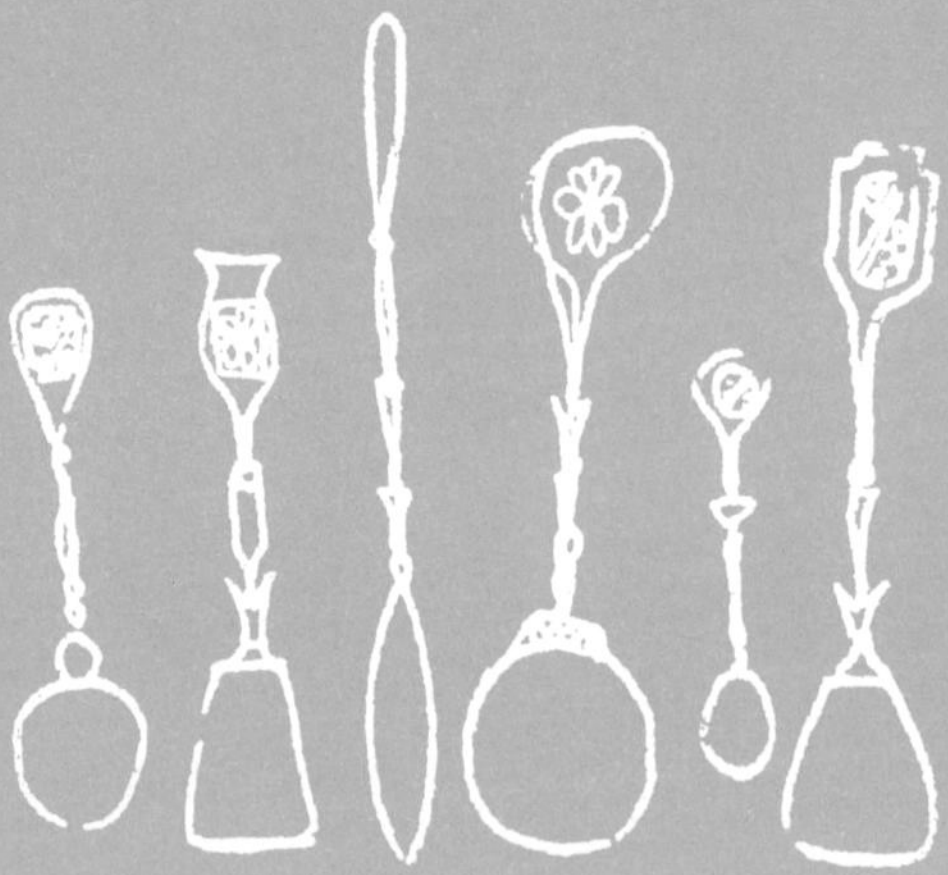

ミルフィーユのスキマというスキマに
かくしたから。
3時になったら食べてね。
ひとくちで。パクって。

かたちをかえても、甘いワナ

はやりの靴えらびより
髪型より　引越先より迷う
あなたへの言葉

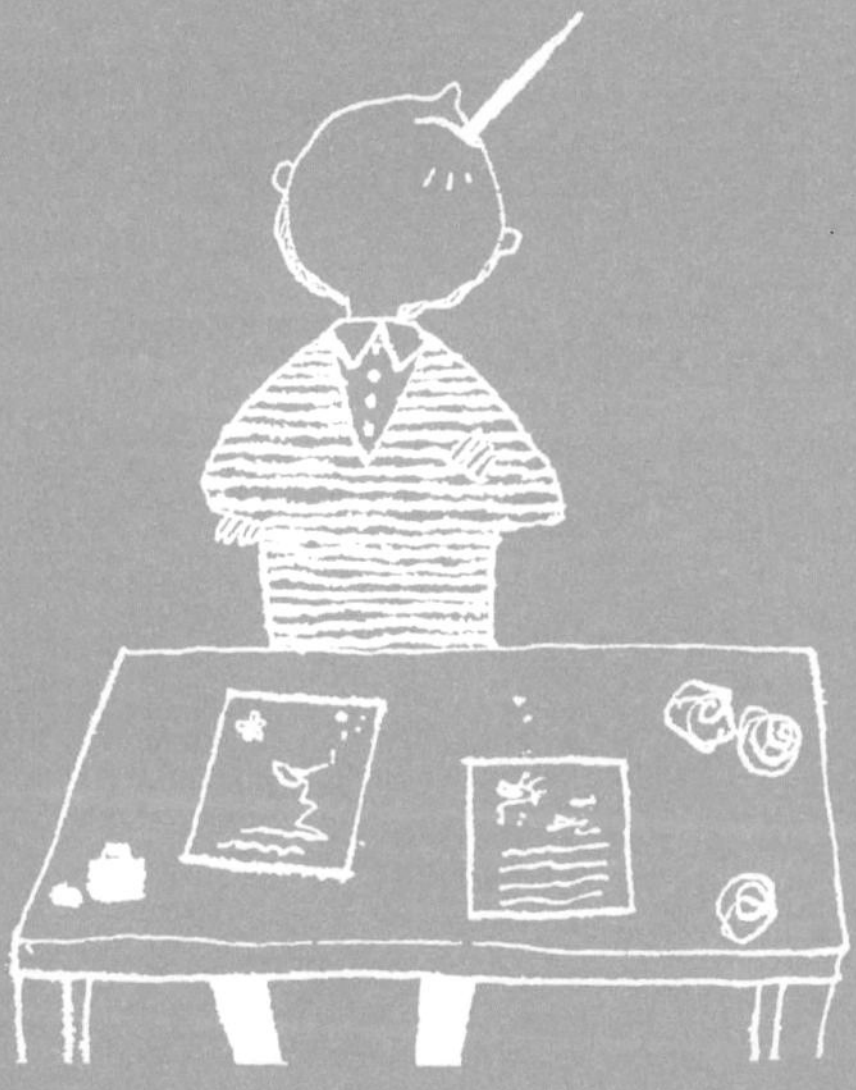

次に逢うのは　この時間。
デートタイムは　一獲千金。

汽笛一声新橋を
はやわが汽車は着きにけり

キッスするひまさえ
ありゃしない。

いつの世にも
語りつたえられて
人魚はこゝにもいました

早く追いかけて
ひろうことです。
恋の花びら。

くちをすぼめて
春をよんでみれば

わたしのまわりは
こんなにも
いとおしい

花で　ココロを　おっしゃいな。

二つの手を
一つの心で結ぶ

感謝のお手玉
胸いっぱい

10代の思いでは
青いすっぱい
レモンの香り
そしてハタチの思いでは
ふたりで
レモンを食べたこと

食べるときは、注意してね。
ちょっぴり骨のある子だから

抜き差しならぬ
キミとボク

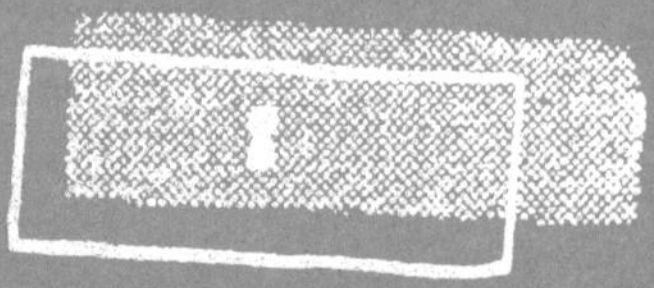

失礼ですが
それ
わたしの釣り逃した魚です

こっそりひろった恋だって
芽が出て　花咲くことがある。

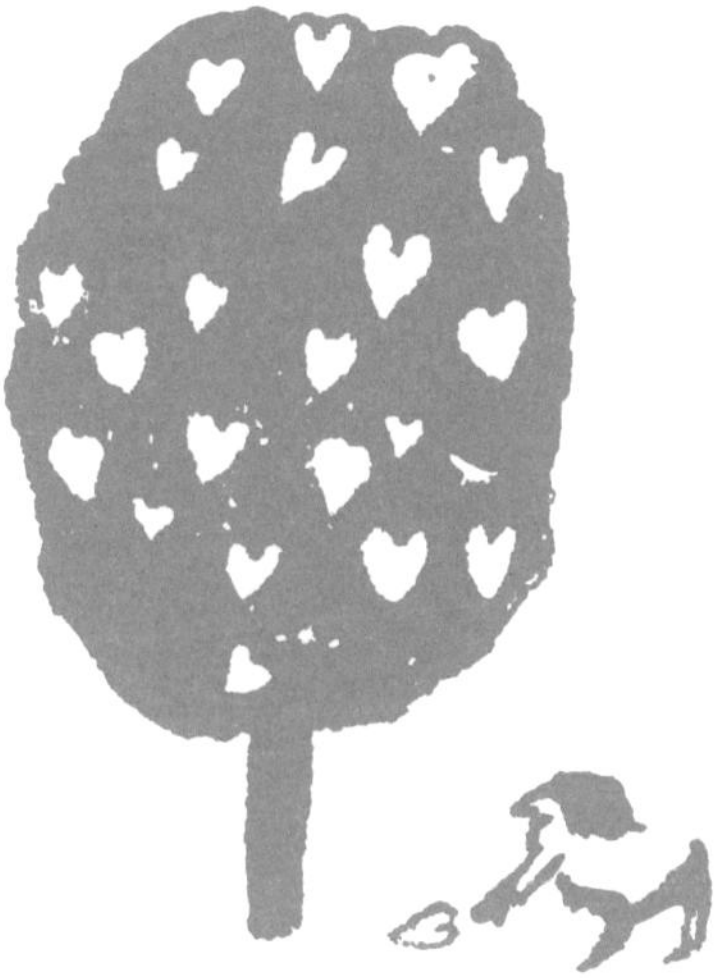

一心同体
いつでも惹かれあっているのです。

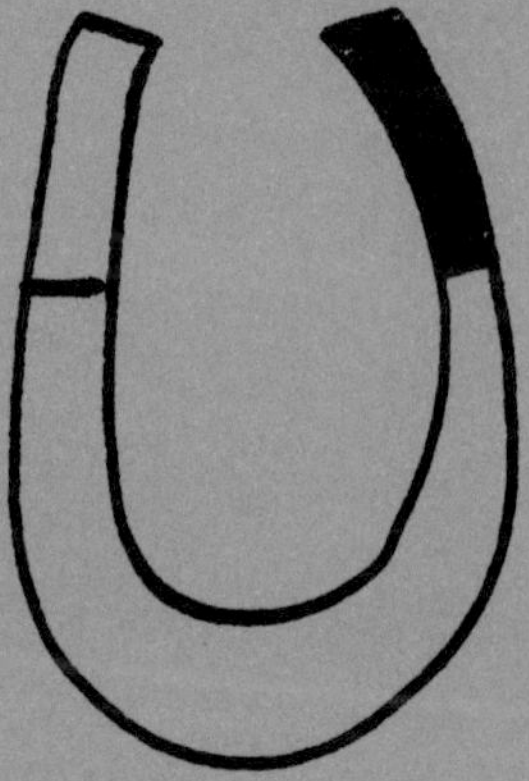

接吻のタイミングをつかんだ彼。

彼は男らしき男である。

あなたのためなら
たとえ火の中水の中
ロディオのまねなど朝めし前。

ウソ　いつわりはありません。ね。
　レントゲンでも　このとうり。

アパートのドアを　たたく前には　花束を。

カミナリっ子
夏を
ひといきに
のみこんで
元気。

カミナリっ子
あなたの
オヘソに
よこめで
ウインク

ご用心。

私のハートは

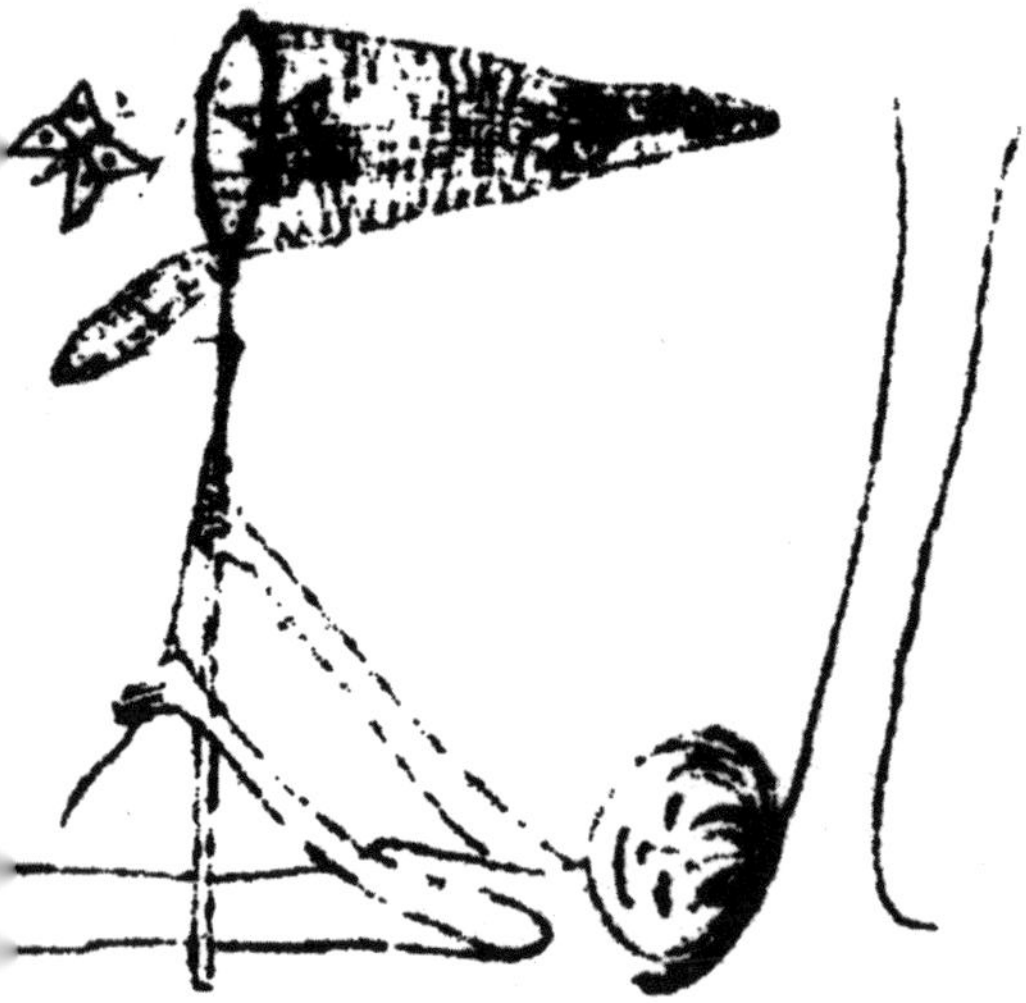

蜜より甘い!!!!

ごくん
ごくん
ごくん
　もういっぱい

プレゼントの
雨を降らす。
Shower with presents.

恋のすきっぱらには
さぞかし
ひびくことでしょう。

煙にまく
恋の戦術。

キッスのとき
おしゃべりは　いけません
語りかけるのは
おてゝです。

天井裏では　ねずみが　チュ

画室で　絵具が　パレットに　チュ

庭のジュースは　二本のストローで　チュ

そして
鳥が　てれてる　木陰の　チュ

只今密談中

面会謝絶

恋のレシピ
やさしさ・・・200g
愛情・・・・・1カップ
嘘・・・・・・ひとつまみ

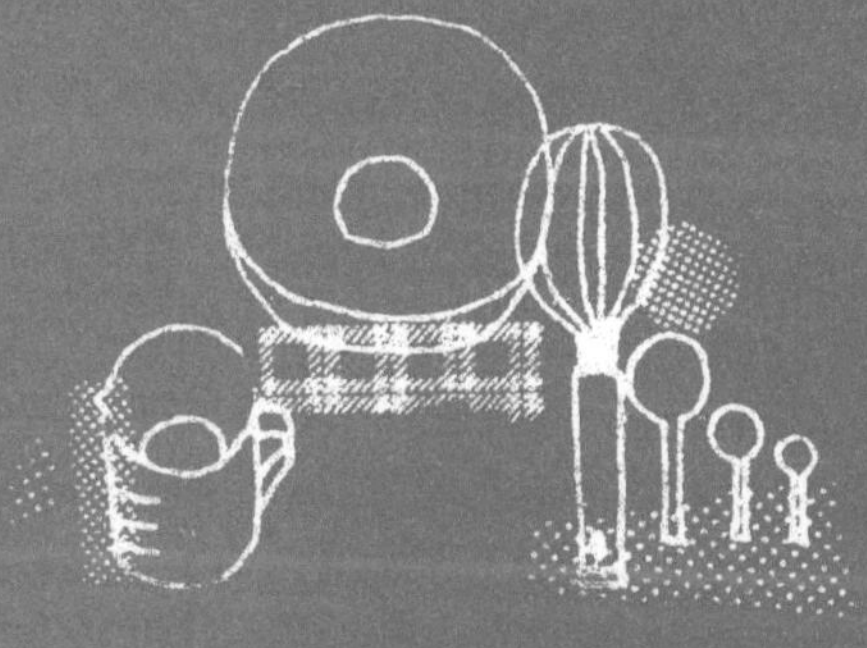

いっしょに映画を
みたのです。

そんなすてきな思いでを
もっとキラキラさせるのは
帰り道の

See you soon!

ココロのとり。

月の明かりで手紙をかけば

文字より想いが増してくる

気になる人

遠方の友には
一層親切に
友情のリボンでかたく結んで
すぐ
〒へ　駅へと
走るのです。

ときには　あなたも
おたよりください。

私も新作のお知らせを
しましょう。

愛のファンファーレ

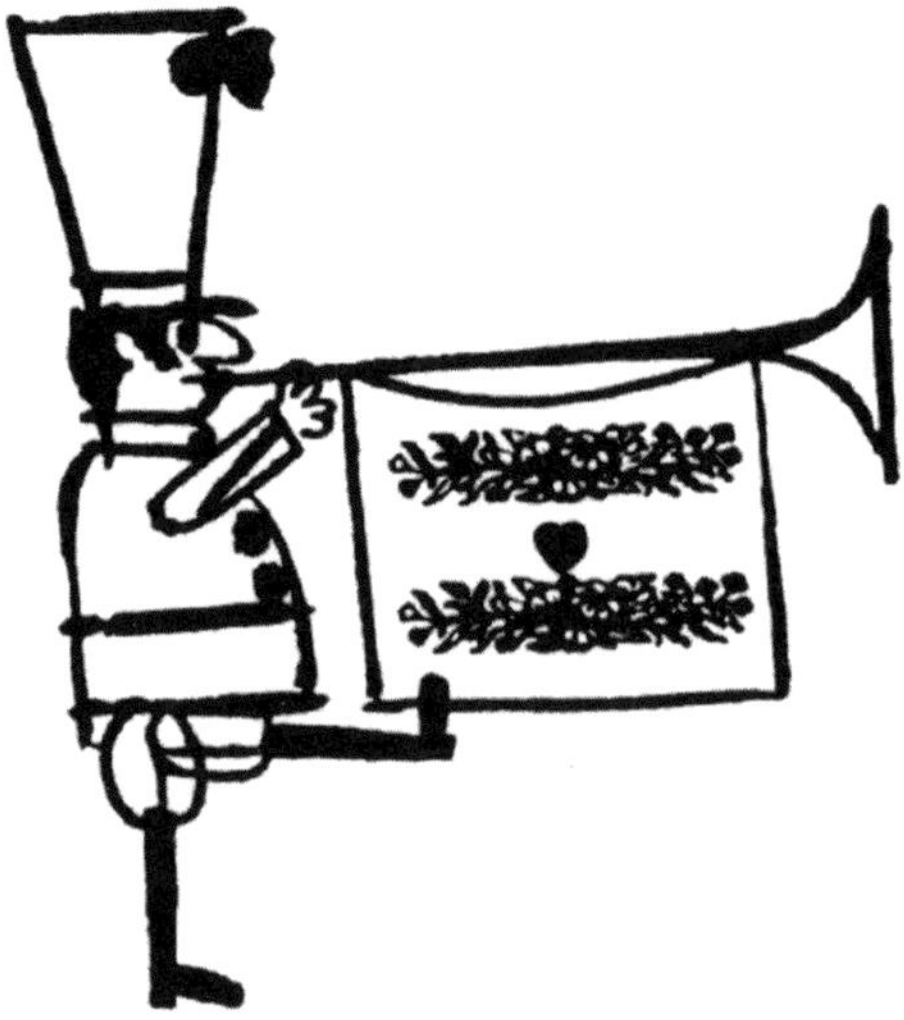

耳の遠い恋人にも
これならささやけるはず。

あなたに
恋の配達人。

あなたからの手紙を
ハンカチにして持ち歩きたい
涙するたび
あなたに会える

私の心は
あなたでいっぱい。
ほかに
なんにも入りません。

全身これ
熱い心と　ひげだけです。

広い世界も
好きなふたりにゃ
ちいさな浮き世

おどりあかせば
長いひと夜も
つかのまの想い出。

ちょうど
これが
ほしかったのでしょ？

Is this just what you need?

恋して　うたって　ダンスして
ハートは
なかよし　はんぶんこ

たとえ　はかりに　かけたとて
はかりしれない　コイゴコロ。

スキナウタヲ

スキナヨウニ

ゆこうゆこう　あなたといっしょに。

あなたのヒップにジャストフィット
ただの腰かけのつもりじゃございません。

魚たちよ　これが　未来の　お家です。

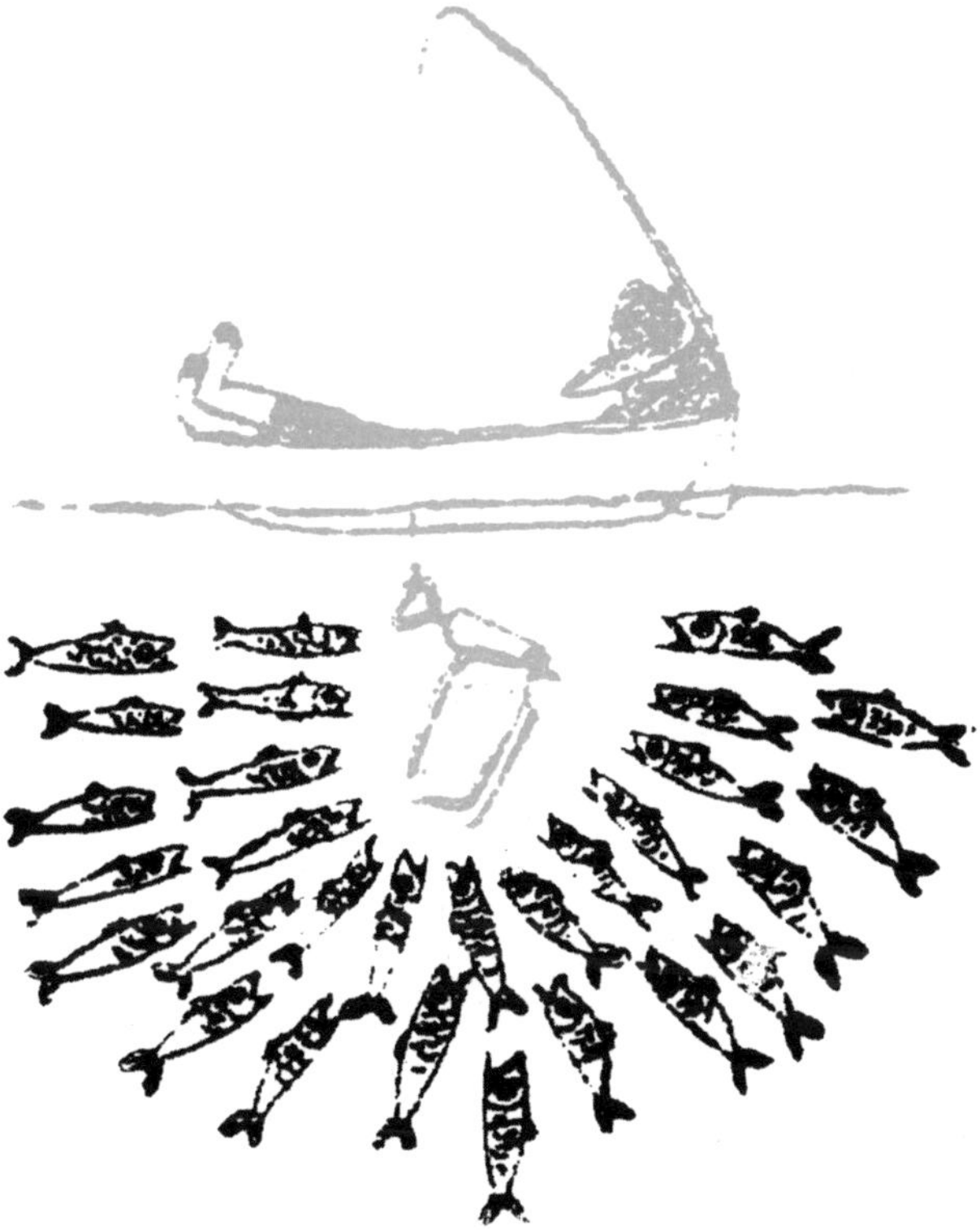

古きよき日の
甘きしらべをきけば
あなたは今日も
25才。

いつまでも
美しい若者でいる記念日

ならべた　ロウソクを　ふっとひと息
おたんじょう日　おめでとう。

いつまでも
美しい若者でいる記念日

おたんじょう日　おめでとう。

君がいてくれたから。

いつもの階段
いつもの背中

久しぶりのコートに
眠っていた思い出ひとつぶ

冬になっても
おとしたくない木の実。

悲しみ　もまた　うつくしき　カタチ

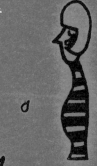

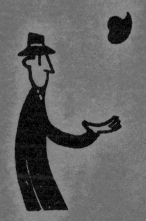

口説文句もゼンマイ仕掛け。

（私のことじゃありません）

今は　何も言わないで

もう少しだけ。

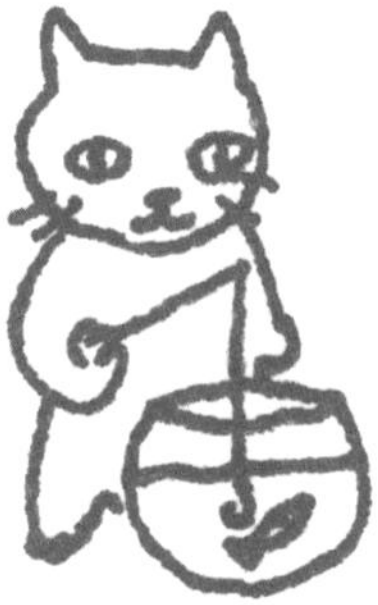

私の気持ちは

ことばに　ならないのです。

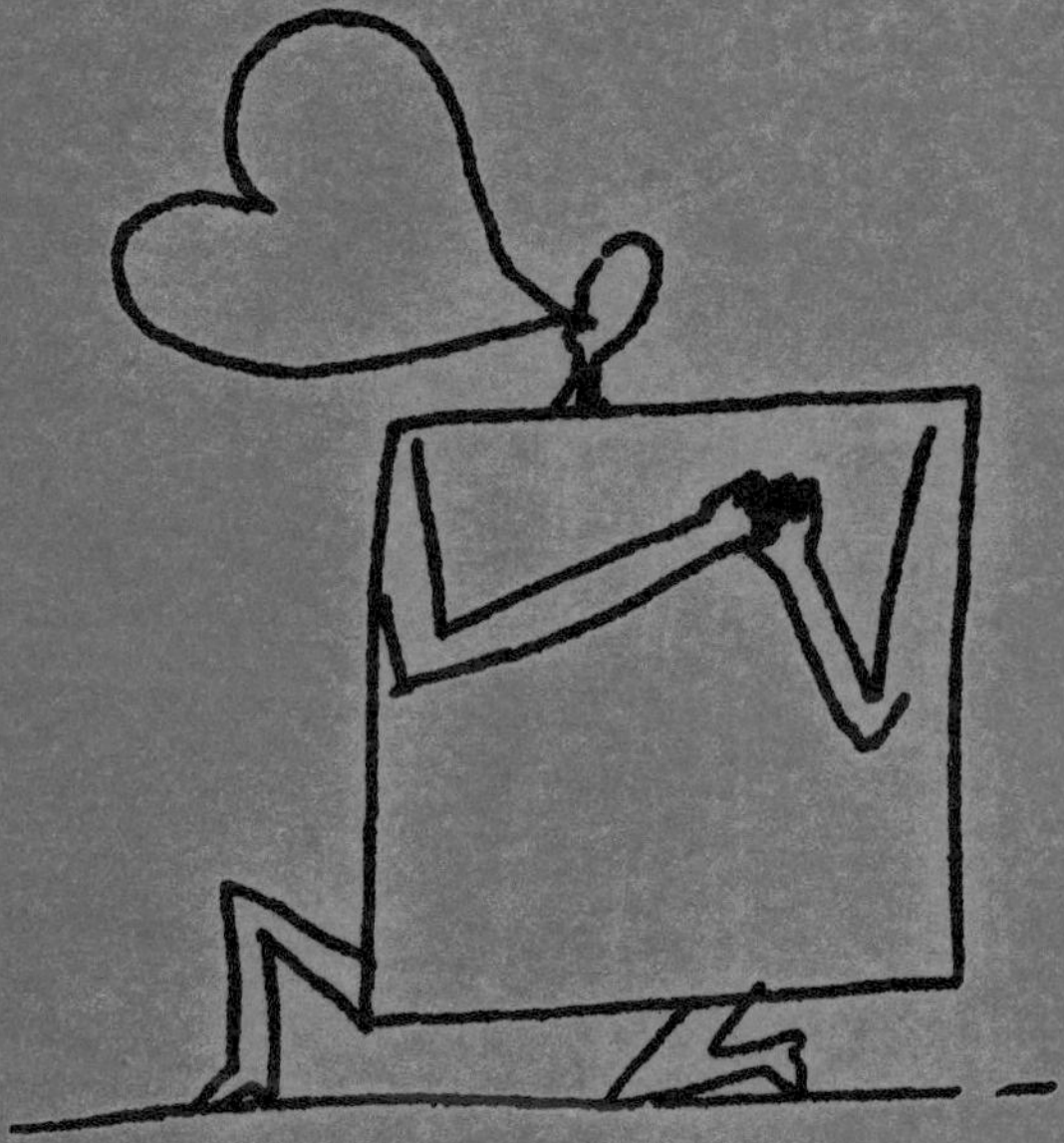

ベルの音より

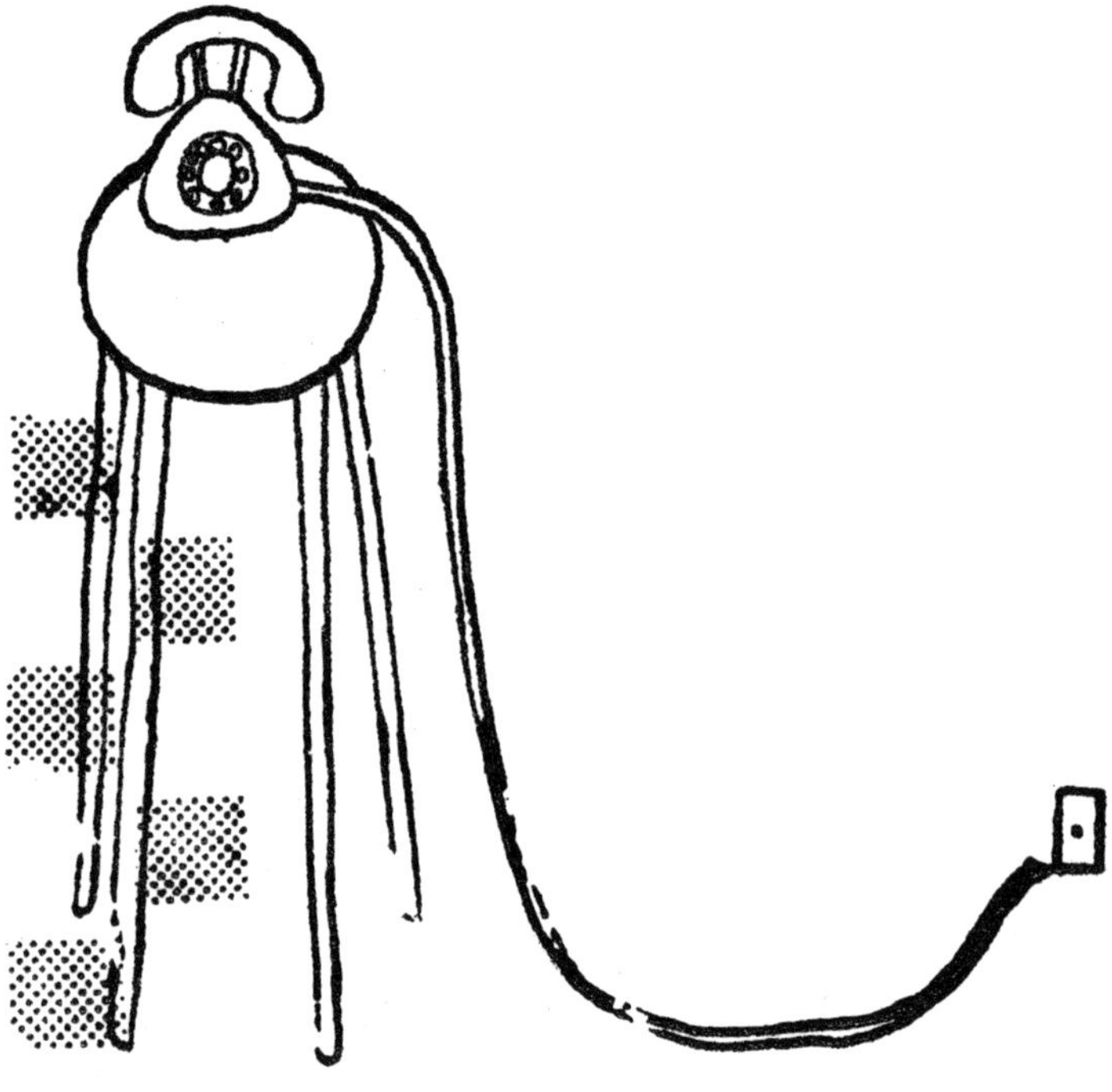

会いにきて。

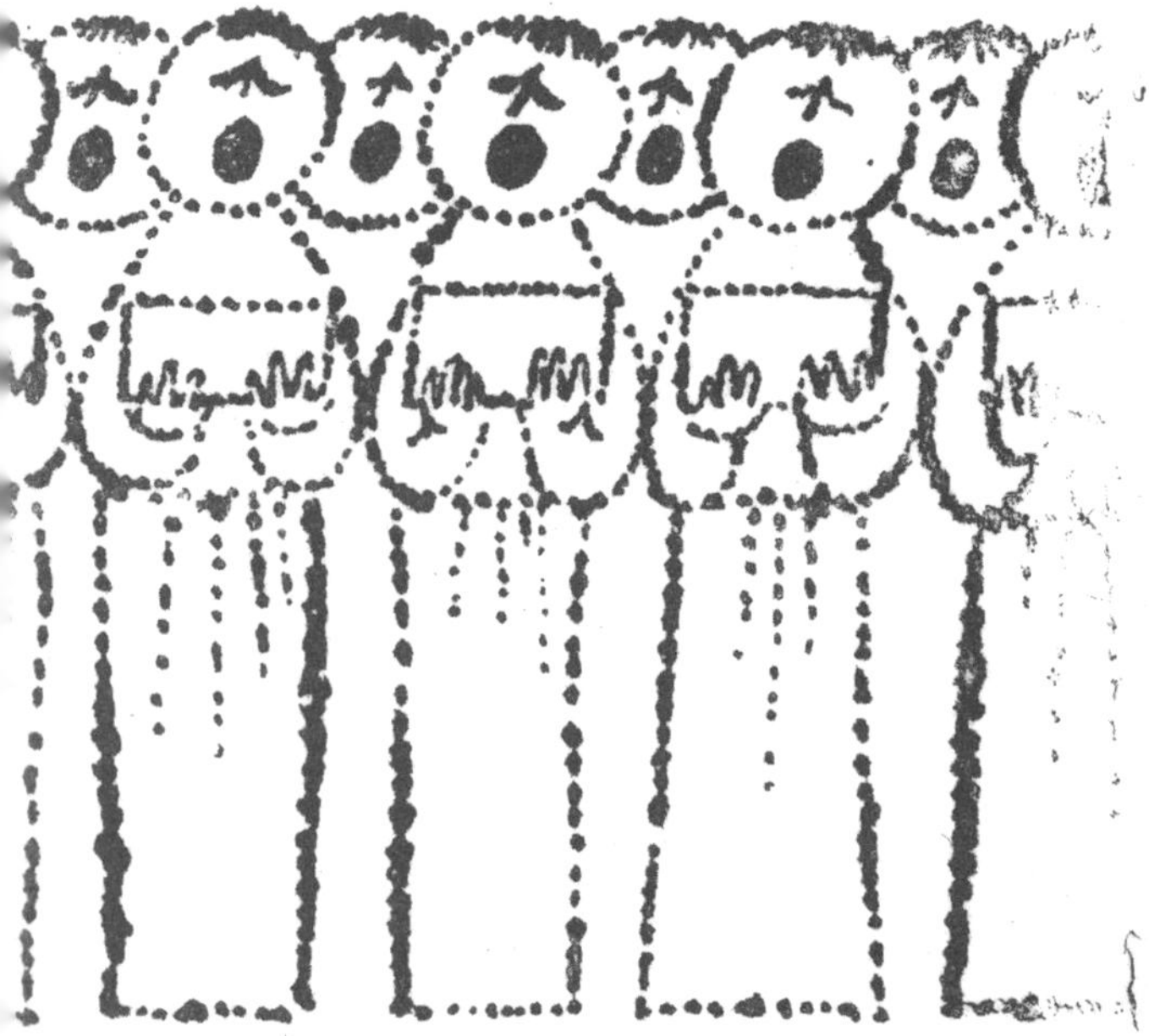

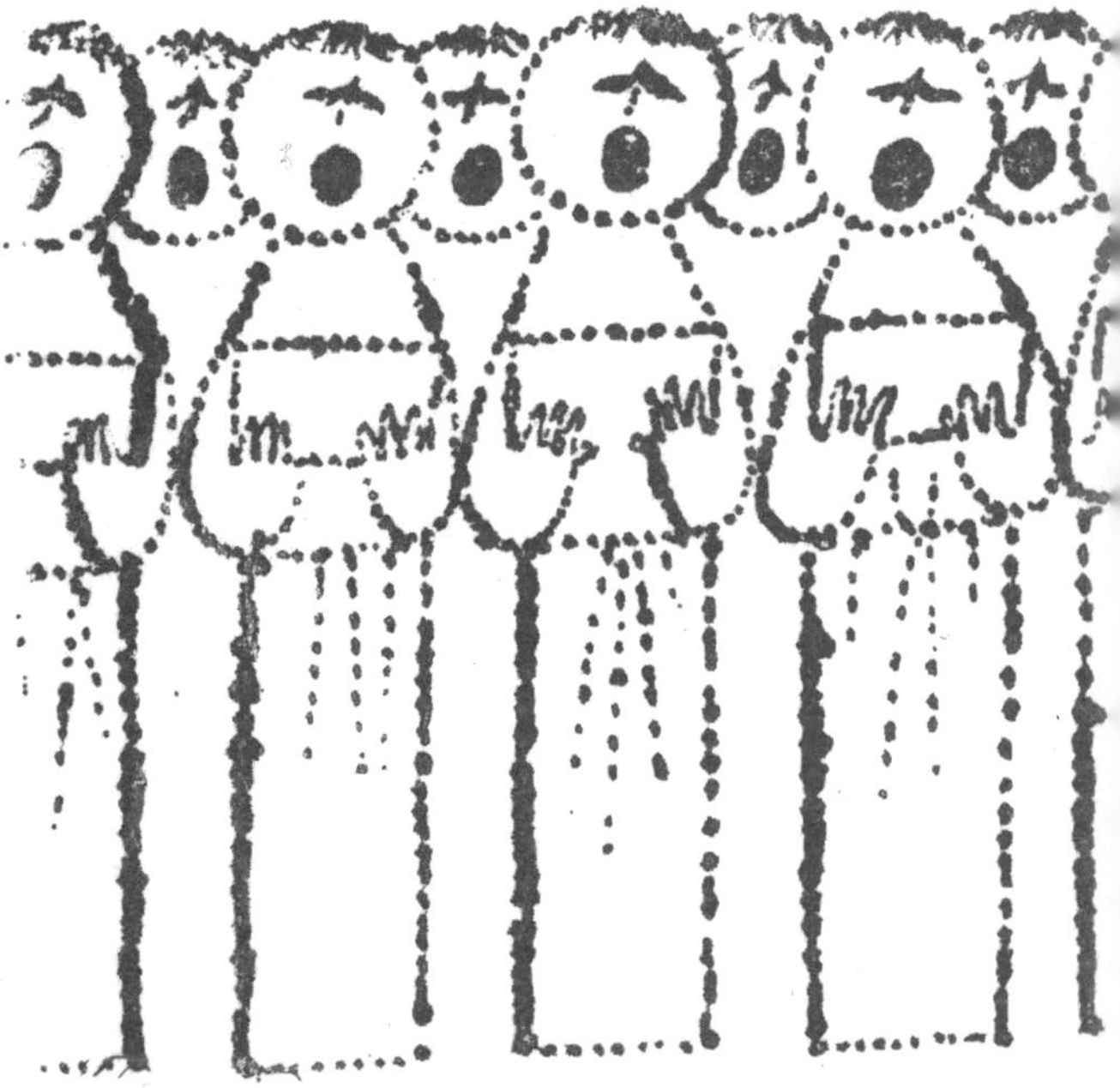

あたたかい
お夕食を
ごいっしょに
いかが。

merry
christmas.
gekkoso
ginza.

MERRY CHRISTMAS

MERRY X'MAS

MERRY

XMAS

いつもありがとうございます。

また　ウマい酒をご一緒に。

楽しかった今年の記念
より美しい来年のために
大きなペットを飼いました
北の星座の白い熊
その　たわむれる窓から
クリスマスと
お正月のごあいさつを。

ゴオーン
ゴオオーン
ゴオオオーン

１０８の交響楽で
春のとびらをあけ
明るい光
暖かい光を誘う。

今年も二人で　仲良く
春のにおうような夢を
マフラですっぽりと
つゝみましょう。

ならべた　ローソクを
ふっとひと息

友よ、星の数ほどしあわせを

ユーモアカード索引 （No.は製品番号として、実際のユーモアカードに割り振られた番号）

★8頁 れんげ たんぽぽ まあがれっと のぎくに ゆきわりそう あなたの愛の花うらない あしたもきっと あえますように。 No.40

★12頁 銀座の小さなエノグ屋さん それは魔法のエノグ屋さん だって 筆の林とエノグの花に いつでも春が来てるもん。「おじさん、ボンジュール」「はい ボンジュール マドモアゼル。あなたみたいなお天気ね」 No.7

★14頁 ほどほどに 色気もあって 才もあり さりとて つめたすぎもせず そんなひとに 会って みたいような 春の宵。 No.27

★15頁 ハートを とられた夢など いかが。 No.15

★16頁 さりげなく さりげなく 伝わるといいなこの気持ち Happy Valentine's day. 朝倉 優・画 No.W

★17頁 一歩 二歩 さんぽにゆこう 桜庭直子・画 No.A

★18頁 花びらは鳥のさえずりをまち わたしはあなたのささやきをまつ。 No.54

★20頁 〔月光荘印のバッグから手紙があふれている絵〕 No.43

★21頁 花のカンバセ。 No.25

★22頁 にぎやかな小鳥の口笛が悲しいほど美しくスプーンの中で鳴りひびく愛情の触れあふ時のように生々とした世界がうっとりとお皿に映る。 No.17

★23頁 ミルフィーユのスキマというスキマにかくしたから。3時になったら食べてね。ひとくちで。パクって。 シマダヨウコ・画 No.J

★24頁 かたちをかえても、甘いワナ 白川友美・画 No.G

★25頁 はやりの靴選びより 髪型より 引越し先より迷う あなたへの言葉 中島有彩・画 No.R

★26頁 次に逢うのはこの時間。デートタイムは一獲千金。 No.48

★27頁 汽笛一声新橋を はやわが汽車は着きにけり キッスするひまさえ ありゃしない。 No.47

★28頁 いつの世にも語りつたえられて 人魚は、ここにもいました No.50

★30頁 早く追いかけてひろうことです。恋の花びら。 No.53

★32頁 くちをすぼめて春をよんでみれば わたしのまわりはこんなにもいとおしい No.58

★34頁 花でココロをおっしゃいな。 No.33

★35頁 二つの手を 一つの心で結ぶ No.16

★36頁 感謝のお手玉 胸いっぱい No.60

★38頁 10代の思いでは青いすっぱいレモンの香り そしてハタチの思いではふたりでレモンを食べたこと No.26

★40頁 食べるときは、注意してね。ちょっぴり骨のある子だから No.H

★41頁 抜き差しならぬ キミとボク 升ノ内朝子・画 No.59

★42頁 失礼ですが それ わたしの釣り逃した魚です No.10

★44頁 こっそりひろった恋だって 芽が出て花咲くことがある。 No.45

★45頁 一心同体 いつでも惹かれあっているのです。 林 ひとみ・画 No.S

★46頁 接吻のタイミングをつかんだ彼。彼は男らしき男である。 No.3

★48頁 あなたのためなら たとえ火の中水の中 ロディオのまねなど朝めし前。 No.11

★49頁 ウソ いつわりはありません。ね。レントゲンでもこのとうり。 No.28

★50頁 アパートのドアをたたく前には花束を。 No.18

★52頁 カミナリっ子 夏をひといきにのみこんで元気。カミナリっ子 あなたのオヘソによこめでウインク ご用心。 小薗江圭子・作 No.19

★54頁 私のハートは蜜より甘い!! No.41

★56頁 ごくん ごくん ごくん もういっぱい No.6

★57頁 プレゼントの雨を降らす。Shower with presents. No.38

★58頁 恋のすきっぱらには さぞかしひびくことでしょう。 No.5

★60頁 煙にまく 恋の戦術。 No.1

★61頁 キッスのときおしゃべりはいけません 語りかけるのはおでゝです。 No.2

★62頁 〔男と女の絵〕 猪熊弦一郎・画 No.55

★64頁 天井裏ではねずみがチュ 画室で絵具がパレットにチュ 庭のジュースは二本のストローでチュそして鳥がてれてる木陰のチュ 小薗江圭子・画 No.32

★66頁 只今密談中 面会謝絶 No.24

★67頁　恋のレシピ やさしさ２００g 愛情1カップ 嘘ひとつまみ　小山優子・画 No.N

★68頁　いっしょに映画をみたのです。そんなすてきな思いでをもっとキラキラさせるのは帰り道の　No.36

★70頁　See you soon!　大西さき枝・画 No.C

★71頁　ココロのこり。　No.34

★72頁　月の明かりで手紙をかけば文字より想いが増してくる　大島 香・画 No.F

★73頁　気になる人　小関はるか・画 No.D

★74頁　遠方の友には一層親切に友情のリボンでかたく結んですぐ〒へ駅へと走るのです。ときにはあなたもおたよりください。私も新作のお知らせをしましょう。　No.21

★76頁　愛のファンファーレ 耳の遠い恋人にもこれならささやけるはず。　No.4

★78頁　あなたに恋の配達人。　No.20

★79頁　あなたからの手紙をハンカチにして持ち歩きたい 涙するたびあなたに会える　伍賀朋子・画 No.V

★80頁　私の心はあなたでいっぱい。ほかになんにも入りません。　No.29

★81頁　全身これ 熱い心と ひげだけです。　No.22

★82頁　広い世界も好きなふたりにゃちいさな浮き世 おどりあかせば長いひと夜もつかのまの想い出。　猪熊弦一郎・画 No.49

★84頁　ちょうどこれが ほしかったのでしょ? Is this just what you need?　No.14

★86頁　恋してうたってダンスして ハートはなかよし はんぶんこ　No.12

★87頁　たとえはかりにかけたとて はかりしれないコイゴコロ。　No.35

★88頁　スキナウタヲスキナヨウニ　島谷麻華・画 No.U

★90頁　ゆこうゆこう あなたといっしょに　No.13

★91頁　あなたのヒップにジャストフィットただの腰かけのつもりじゃございません。　井沢のぶ子・画 No.T

★92頁　魚たちよ これが 未来の お家です。　No.9

★94頁　古きよき日の甘きしらべをきけば あなたは今日も25才。　No.42

★95頁　いつまでも美しい若者でいる記念日 ならべたローソクをふっとひと息 おたんじょう日おめでとう。　No.39

★96頁　いつまでも美しい若者でいる記念日 おたんじょう日おめでとう。　No.56

★98頁　君がいてくれたから。　柳澤有希子・画 No.M

★99頁　いつもの階段 いつもの背中　大西さき枝・画 No.B

★100頁　久しぶりのコートに眠っていた思い出ひとつぶ　ヒロセベニ・画 No.Q

★102頁　冬になっても おとしたくない木の実　No.23

★103頁　悲しみもまたうつくしきカタチ　平尾直子・画 No.O

★104頁　口説文句もゼンマイ仕掛け。(私のことじゃありません)　No.31

★106頁　今は何も言わないで もう少しだけ。　ヨツモトユキ・画 No.L

★107頁　私の気持ちはことばにならないのです。　No.30

★108頁　ベルの音より 会いにきて。　小山優子・画 No.K

★110頁　〔聖歌隊の絵〕　No.51

★112頁　あたたかいお夕食をごいっしょにいかが。　No.44

★113頁　〔ホルンを持った人のツリーの絵〕　平尾直子・画 No.63

★114頁　merry christmas. gekkoso ginza.　樋口達也・画 No.62

★116頁　MERRY CHRISTMAS.　猪熊弦一郎・画 No.37

★117頁　MERRY XMAS　大石幸治・画 No.64

★118頁　MERRY XMAS　猪熊弦一郎・画 No.52

★120頁　いつもありがとうございます。またウマい酒をご一緒に。　No.E

★122頁　楽しかった今年の記念 より美しい来年のために大きなペットを飼いました 北の星座の白い熊 そのたわむれる窓からクリスマスとお正月のごあいさつを。　No.61

★124頁　ゴオーンゴオーンゴオオーン １０８の交響楽で春のとびらをあけ 明るい光暖かい光を誘う 今年も二人で仲良く春のにおうような夢をマフラですっぽりとつゝみましょう。　No.68

★126頁　ならべたローソクを ふっとひと息　No.57

★128頁　友よ、星の数ほどしあわせを　No.00

エノグ屋の精神がぎっしり詰まった

「月光荘おじさん」の言葉

月光荘おじさんは、「月光荘カタログ」に
自身の考えをしたためていました。
ここでは、「月光荘カタログ」や
家族に言って遺した言葉の数々をご紹介します。

生きること

人のねうちは命あってのこと

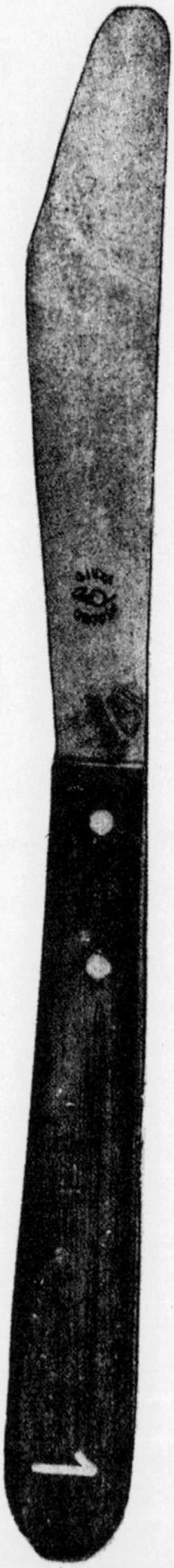

心の光が反射して生まれた色や音はあなたの品格

一日休めば、一日老化して損すんのさ

人生はドンナ小さい力でも協力さいしれば途は開けるものです

人は歩け。歩くことで自然を発見する

山は麓から一歩一歩よじ登っていかないと山の高さや気品はわからない

教養はカネでは買えぬ。人格の元

教育にはモトデがかかる。おしむと一人前に育たん

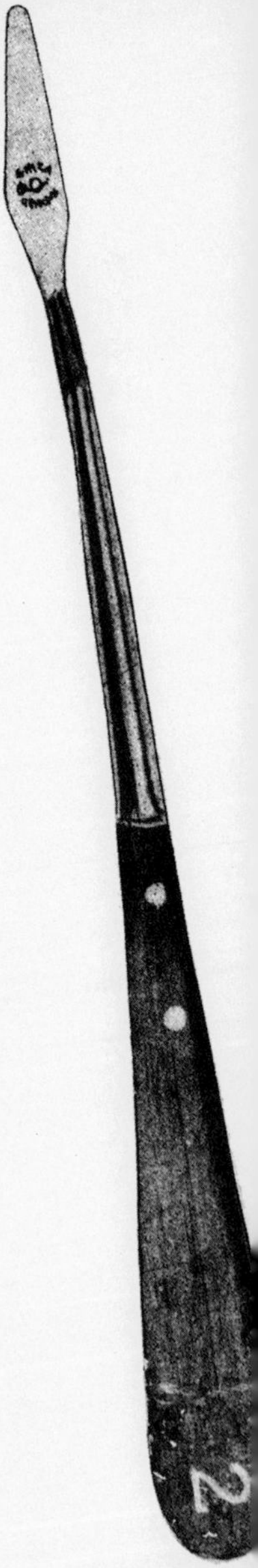

老いること

年とともにひとのからだの性能はごまかしようもなく老いていく。けれど、それをさびしくため息で見送るんじゃない。ひとつの道具がなくなったら、かわりの道具を生かそうじゃないの。もしそれがだめになっても、まだまだ手を握り合った時のぬくもりで、しまいにはハートで、ひとはいっぱい感じることができるじゃないの

私はいつ死んでも構わない。だけど必ずもう十年生き延びます。「希望」があるから

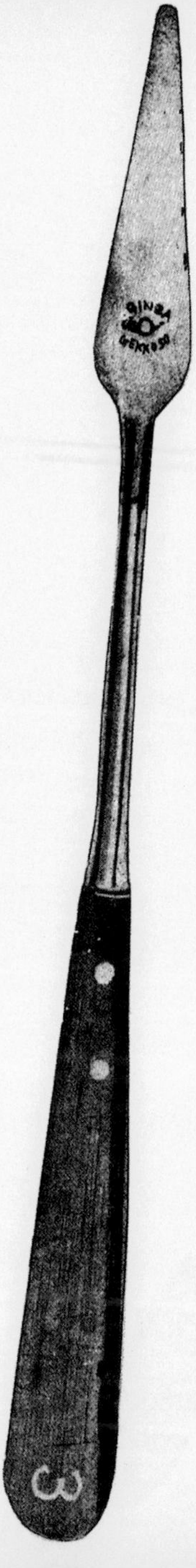

働くこと

生きる、カタク、一銭の借金もなく働きましょう

仕事してればマンマがうまい

精一杯元気で働こーね。いい仕事することは信仰と同じだ

人間は美しいものに感動することによって、心を動かされ、よりよいものを
目指して進んでいく

仕事の土台は良心と勇気、人格

貧しくとも良心と夢、人格である

仕事に誇り無き者は愛のこもらない模倣品。使い捨てほど高いものはない

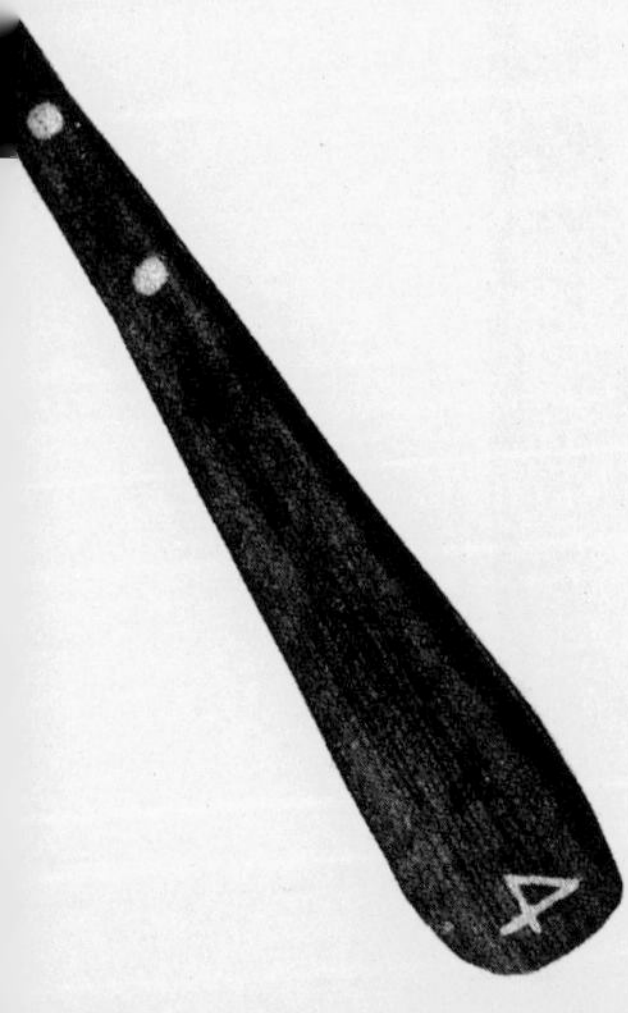

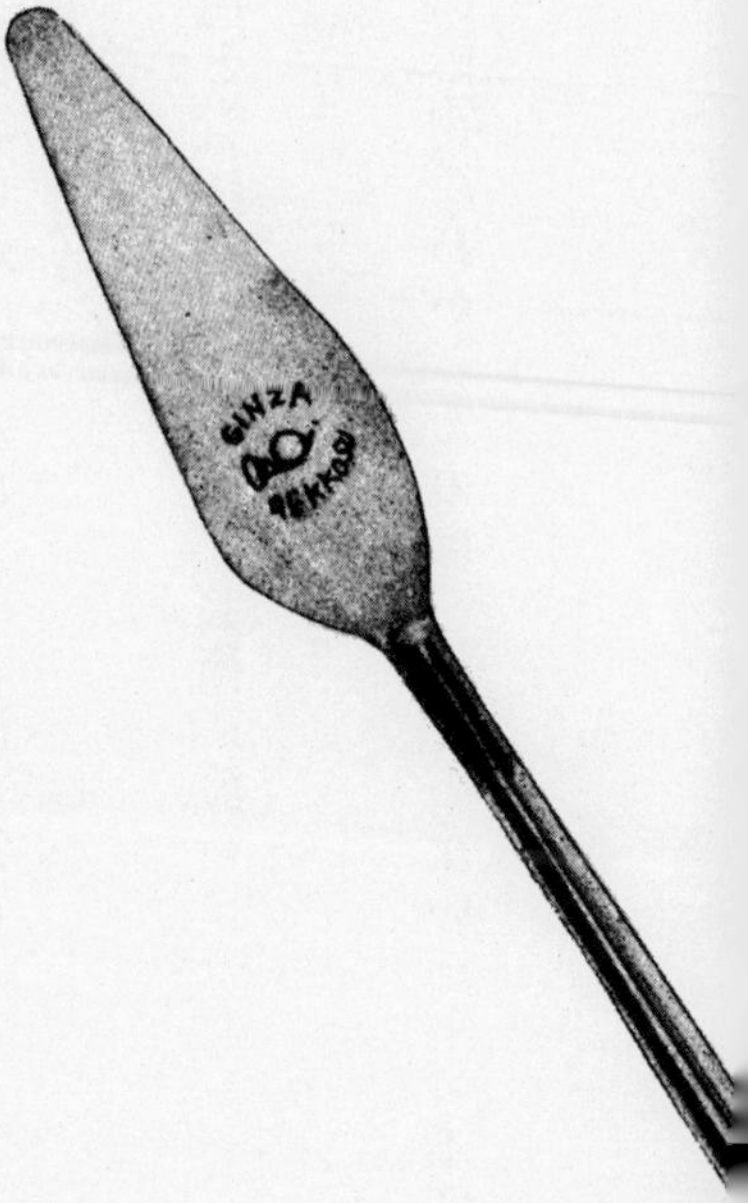

アートのこと

汗をかくことを嫌がるようでは、いい作品も生まれてこない

値段をひくエノグに目がくらむようなやつは、決して芸術家にはなれんな

美的感覚は理屈では養うことはできない

美に対する感覚を磨き、その上に知的な意味を付け加えていく学習の成果が、
よりよい芸術の理解に結び付くものである

心にひびかないむなしい色は絵ではない

手の平ほどの白い紙きれでも粗末にするようでは絵描きになれんよ

芸術家は達せられぬ芸術の途を毎日歩く

色と音に流行はなし。芸術に流行はなし

いい物がわからんのは、見ていないから。不便が習慣になると無関心になる

実用は美なり。美は静かで人目を引かない

「慣れのこわさ」。進歩の源は創造です

「物を買う、己を買う」という諺がある。己の知っている範囲から出んと未来が開かれん。ゲートは「私の求めているのは『美』であって『美しいもの』ではない。そして『美』とは、それがわかる『人のもの』である」と

用を足してこそ美である。人間味のある美は光る

画材屋という商いのこと

自分の届かん商いはせんこと。小さくても責任がもてれば楽しい商売ができるのよ

色と音に年はない。願わくば色のベートベンならん

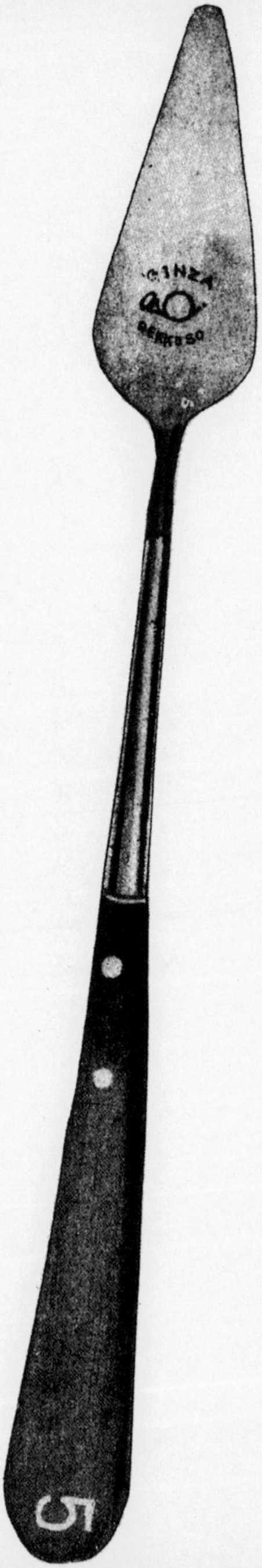

自分が生きているうちは、美しい色を探し続けるんだ

宣伝と広告はしない

商売は大きいばかりが偉いんじゃなく、たとえ少しでも確かなものを責任がもてる範囲でつくる、売る。でないとダメになんのよ

世代をこえて

アーティストの言葉

この章では、作家、歌手、ミュージシャン、イラストレーター、学者など、様々なジャンルの方々にユーモアカードからインスピレーションを受けた言葉を寄せていただきました。「大切な人を思う心」が、世代を超え、次の世代にも繋がっていきますように。

★★★

終わった恋にもたくさんの風景がある。終わったばかりの恋は痛々しい。その恋にまつわる風景も生々しく、恋のなまあたたかい匂いが残っている。それに苦しめられるのが嫌で、恋の記憶を消し去ろうとする。大切な手紙や、贈り物、写真もぜんぶゴミ箱に捨てる。誕生日にもらったポストカードや、一緒に行った旅のお土産をゴミ箱に捨てるときは、涙が出る。自分の心が鋭利なナイフで切り

取られるような。でも、もう二度とあの恋の風景へ戻らないように、苦しみから早く逃げ出せるように、そう決心して捨てる。そうしているうちに何もなくなる。空っぽの白い部屋に、裸の自分がぽつんといる。ボサボサの髪、まぬけな顔でぼうっとしている。こんな場所は好きではない。でも、恋はまたぼくをこんな殺風景な場所へ連れてくる。ひまだから、白い壁に窓を描く。その窓から、ぼくはどんな景色を見るだろう。ときが経てば、窓を開けて顔を出してみるかもしれない。きょろきょろして、楽しい会話を交わせるだれかを探すのかも。そのうち景色にはまた色がつき、季節が巡るかもしれない。恋はいつでもぼくをそんな場所へ連れてくる。

曽我部恵一

理系の研究者になるには時間がかかる。大学4年、大学院5年。20代の後半になってもまだ全然食えない。このあと研究が実を結ん

でものになるかどうか皆目見えない。定職もない。つまり経済的にも精神的にも余裕がない。しかも四六時中、実験室に閉じこもっているから、身なりはひどいし、風采も上がらない。
そんな私のどこに良さを見出してくれたのだろう、ある時不意に、付き合ってくれる人が現れた。私たちは小説について語り、コンサートにでかけ、湖畔にドライブに行った。とたんに世界の色彩が輝いて見えた。
どれくらいたった頃だっただろうか。実験が忙しくなり、しばらく会えない日が続いた。ネットも携帯もなかった時のことである。ある日、ポストの底にきれいな封筒が届いていた。揃いの便箋に彼女の細い文字があった。「一緒に過ごした時間は、ほんとうに楽しかったし、いろいろなことをたくさん学ぶことができました。でも、私は不確かな未来にかけることができません。このままずっと待つこともできません。ごめんなさい。素敵な時間をありがとうございました。さようなら」言葉が、重い石のようにゆらりと揺れながら、音もなく私の心の底に沈んだ。

★★★★★★★★★★★★★★★★★★★★★★★★★★★★★★★★★★

福岡伸一

11年暮らした家から、引っ越すことになった。一人暮らしを始めた20代から今までで、一番長く住んだ家だった。使いやすい間取りの平家の一軒家で、庭の木々は季節ごとに和花を咲かせ、適度なご近所付き合いがあった。私好みの住処だったのだけれど、事情が重なり手放すことになった。

いざ片付けを始めると、あっちを開けて懐かしい思い出に浸り、こっちを覗いてなぜこんな物を取っていたのかと頭を捻り、引越しの準備はなかなか進まない。想像以上に物を貯め込んでいたことがわかり、11年の月日は長いものだと改めて実感した。そんななか、見覚えのない薄いきれいな箱が、納戸から出てきた。

ほこりを払い、蓋を開けると、中にはポストカードの束。その存在をすっかり忘れていた自分に呆れつつも、でも、わざと頭の中から追いやろうとしていたのかも、と思い当たる節もあった。投函された場所は、アルゼンチンやアラスカ、ハワイ、エチオピア、アイスランドなど、世界中のあちこち。アラスカからの葉書には雪の上に佇むマムートの写真、エチオピアからの葉書には民族衣装に身を包んだ女性の写真。どれも土産物屋さんで売っていそうな可愛らしいポストカードだ。差出人は皆おなじ。この家に暮らし始めたころに出会ったパートナーだ。その人と一緒に過ごした、といっていいのかほとんどの時間、彼は仕事で日本にいなかった。けれど、その距離を埋めるかのように、間をあけずに様々な国から便りが届き、私は心を和ませていた。

後に互いに新たな出会いがあり、それぞれに家族も増えた。別々の道を歩むようになった時は、重苦しい想いを抱いたけれど、今では自分で驚くほど爽やかな気持ちで、当時を思い返せる。いろいろな事情があった。そう思うと、この引っ越しも突然のことで今は感傷的になっているけれど、悪いことではないかもしれない。新たな暮しの扉が開き、そこに、また新しい出会いがあるだろう。

K・K・I

雪の夜に

雪が舞う晩に、酒の燗をするのに七輪で酒の燗をして、ししゃもを肴に飲んでいた。このししゃもは丸々と太っていて、卵が大きいという売り文句が書き添えられてスーパーで売られていた。うまそうだなと思って買って来たのだが、丸網にのせて焼くと、太りすぎているせいだろう、薄く張りつめた柔らかい皮が網に焼きついて、箸で持ち上げると背骨だけがするりとぬけて、卵と皮だけが網の上に焦げついた。裸電球の明かりの下で、やかんの湯が沸く音に耳をすまして盃に口をつけていて、僕は、恋とはなにかと誰かに聞かれ

二〇二一年
伊三夫

ていたことを思い出したが、こたえられそうもない。「僕は、もっ焼きに恋をしています」などとお茶をにごそうか、とため息をついていたが、雪を見ていて思い出す。

雪の田んぼに泳ぐ白鳥を一緒に見に行けたのは、とてもうれしかった。僕は、ハクチョウたちが渡ってきて遊ぶのを知りませんでした。あの雪の景色のなかに、見せてもらったあなたの幼い頃の姿を重ねているうちに、また胸が苦しくなってきました。寒かったね。雪まみれの汽車のなかから、小さくなって消えてしまうまで、僕は窓に顔を寄せてあなたのことを見つめていました。トンネルを抜けるたびに雪が深くなって、新庄駅に着いたとき、僕は本気で折り返そうと思った。

最上川の駅のストーヴにあたっていたとき、隣にいたあの少年たちはどうしているだろう。でも、顔も思い出せない。黄昏時の雑踏のなかから、ふと、あなたが現れてくるように思うことがあります。

このあいだなど、通りで赤い消火栓を見て、あなたのことを思い出したりしてしまいました。まったく、どうかしています。もう、電話だけでは、とても苦しくなるばかりです。このままでは、僕は廃人になってしまいそうだ。すぐに会いに行きます。

牧野伊三夫

★★★

画家を目指していたあの人と初めて月光荘に行ったのは、もう何年前になるだろう。あの頃はとにかく貧乏だったから、何も買わずに帰ったと思う。「売れたい」と思うのはタダだけれど、「売れる」為には金がかかる。画材や機材にいくら使えるか、生活費を切り詰めながら、必死になって計算した。都内で一番安くギターの弦が買えるあの楽器屋の階段はとにかく狭くて、上り下りするたびにいつも申し訳ない気持ちになった。こんなに安く売ってもらってすみませんね。そんな気持ちで買った弦を張っては、時々また切ったりし

た。彼女も、アルバイトで稼いだ金でよく画材を買っていた。弦や絵具は確実に減っていく消耗品だ。新しく買うたび、それらと引き換えに何を残したかが突きつけられる。だから夢に近づくどころか、まるでどんどん遠ざかっていくようで、また心細くなった。
あの時の月光荘はギラギラ輝いていて、思わず逃げ出したくなった。きっともっと逃げ出したいはずの彼女の代わりに、自分が先に逃げ出してやりたくなった。そんなことを考えながら、何か買ってあげられるものがないか、値段の安い商品を探している自分が情けなかった。
そうやって、材料を買う時の希望には、いつも不安や諦めがこびりついていた。何かを切ったり何かを塗りつぶしながら、それでも、どうしても夢を諦めきれなかった。
あれから彼女は夢を叶えただろうか。こんな風に彼女のことを思い出す時、あの楽器屋の階段を上り下りする時みたいに、いつも申し訳ない気持ちになる。

「家族」という月明かりを道しるべに

月光荘との出会いは高校3年生の頃。マイク真木さんがフォーク仲間と担当していたラジオ番組に、当時まだアマチュアだった私がピンチヒッターとして出演していた時のことです。

その番組にはリスナーから送られてきた詩に曲をつけるコーナーがあり、いよいよ私にも番がまわって来ました。え？　私が曲を？ギターの演奏もおぼつかないのに？　窮地に追いやられた時、たまたま置いてあったスケッチブックに印刷されていたのが「この広い野原いっぱい」。「この詩になら曲がつけられるかも！」とピンと来て作った歌が反響を呼び、のちのデビュー曲になったわけですから、なんとも不思議な巡り合わせを感じます。

それから50年以上ずっと歌手活動をしていますが、曲を作っている時も、ステージに立っている時も、片時も忘れられないのが「家族」という存在。「家族のために仕事をしている」っていうのとは少し違うかな。「家族という存在が私を前に進ませてくれている」そんな感覚に近いように思います。

私にとっての家族。それは、写真館を営んでいた曽祖父。写真修業のために渡米した祖父。音楽家だった父と母。早くに亡くなった兄。私が私らしくいるためにいつも助言をしてくれる娘。シンガーとなった息子。そのパートナーたち。孫。

私の頭の中はその一人ひとりで埋め尽くされている。

彼らが私の体の一部。彼らが私の道しるべ。

そして……。

そんな大切な人たちとの距離を縮めてくれるのが、ハガキ、手紙、電話、今ならビデオ通話。その時々で、家族とのおしゃべりを叶え、会えない寂しさ、切なさを埋めてくれるのが嬉しくて、楽しくて。

離れていても、「今どうしてるかな?」と思える愛しい人たちが、その気配こそが、私を明日へと導いてくれる月明かりなんです。

森山良子

★★★

海辺のピンぼけ写真

中学一年の夏でした。大学生の従姉妹とその恋人が都会から郷里に帰って来て、地元の有名な海岸へ泳ぎに行くと言うので、叔父叔母は私に二人の見張り役を申し付けました。恋人の車の後部座席に乗せられて、私は朝早くから海水浴に連れて行かれたのです。

車を走らせている海岸通りには焼きガニ販売所が立ち並んでいました。そこでカニの脚を二本買いました。従姉妹は殻から上手にするっとはずしたカニの身を運転席の恋人の口に持ってゆくと、恋人はハンドルを持ったまま、カニの身をすするようにして食べていま

した。
従姉妹と恋人はふたりして砂浜にパラソルを立て、助け合いながらシートをひろげ腰をおろしました。従姉妹は肩越しに日焼けどめの乳液を恋人に手渡し、「背中に塗って」と指図して、水着の肩紐をずらしました。恋人は白い液体を手のひらに伸ばし、かしづくような格好で従姉妹のなめらかな背中をすみずみまで撫でていました。陶然とした従姉妹の濃いまつ毛はいっそう艶やかに見えます。それは私の知らない従姉妹でした。ふたりのしていることは、都会からやって来た遊び慣れた大人の行為のように思われました。子どもの私は完全に蚊帳の外でしたが、心臓はかつてない反応をしめしていました。従姉妹と恋人は立ち上がると、私をひとり砂浜に残し、ゴムボートをどんどん漕いで、きらきらと光る海面の沖のほうまで行ってしまいました。
地球が何千回も回転し、ついに私にもその時が来ました。親友たちと行く海水浴に、私がお熱になっていた人を勢いで誘って、一緒

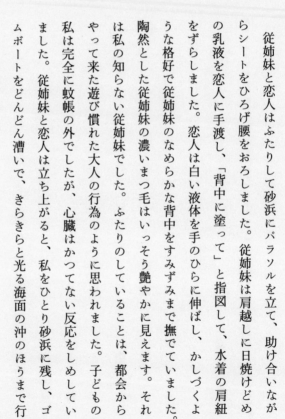

に行けることになったのです……。

かくして私は背中に日焼けどめを塗ってもらうことができたのでした。それだけでなく海の家の焼きそばを、私のぶんと初対面の親友たちのぶんも買ってくれました。けれどもその親切な行動とうらはらに、彼が私を撮った写真は、頼まれてシャッターを押した風のピンぼけ写真でした。それでわかりました。秋が来るのと入れ替わりに、その人は海原遥か幾千里、よその国へ越してゆきました。

私は思い浮かべています。「私にもね、日焼けどめを塗ってくれる人が、ひとりやふたりいたのよ」と、孫の歳より若い娘さんに話す老女の自慢そうな顔を。老女とは私のことです。もはや、すっかり白旗をあげているのです。

浅生ハルミン

★曽我部恵一（そかべけいいち）
1971年生まれ。シンガーソングライター。サニーデイ・サービスのボーカル、ギター担当。東京・下北沢にローズ・レコーズを設立。以後オリジナリティ溢れる自由なインディペンデント活動を展開する。三児の父。

★福岡伸一（ふくおかしんいち）
1959年東京生まれ。生物学者。米ハーバード大学医学部フェロー、京都大学助教授などを経て青山学院大学教授。著書に『生物と無生物のあいだ』（講談社）、『動的平衡』（木楽舎）、『最後の講義 完全版』（主婦の友社）などがある。

★ＫＩＫＩ（キキ）
1978年生まれ。ファッションモデル、女優。大学在学中よりモデルとしての活動を開始し、数々のファッション雑誌、広告媒体に登場。エッセイやコラムの連載も手掛けている。映画『ヴィタール』、ドラマ『漂流ネットカフェ』など女優としても活躍。著書に『山が大好きになる練習帖』（雷鳥社）、『美しい山を旅して：KIKI's MOUNTAIN JOURNAL』（平凡社）などがある。美大生だった頃に出合い、以来「イロブック」にアイデアを書きつけたり、「ポストカードブック」に自身で撮影した写真をプリントするなど、月光荘の文具を愛用している。

★牧野伊三夫（まきのいさお）
1964年生まれ。画家。美術同人誌「四月と十月」同人。1997年、都内での初めての個展を月光荘画材店画室1で行なう。近著に『アトリエ雑記』（本の雑誌社）。月光荘画材店店主の康造氏を「おやじいるかぁ〜」と訪ねるのが夢。

★尾崎世界観（おざきせかいかん）
1984年生まれ。ミュージシャン。クリープハイプのボーカル、ギター担当。高校在籍中からバンドを始め、工場やコンビニ、製本所などで生計を立てながら音楽を続ける。2012年にクリープハイプがメジャーデビュー。2016年には半自伝的な小説『祐介』（文藝春秋）を上梓。2020年、文芸誌「新潮」掲載の小説「母影」が第164回芥川龍之介賞の候補となった。

★森山良子（もりやまりょうこ）
1948年生まれ。歌手。ミリオンセラー「禁じられた恋」をはじめ「涙そうそう」、「さとうきび畑」、「あなたが好きで」など、数々のヒット曲を生み出す。平成18年度芸術選奨文部科学大臣賞受賞。平成20年秋紫綬褒章受章。「月光荘」のスケッチブックに書かれていた詩がきっかけとなり、デビュー曲「この広い野原いっぱい」が誕生した。

★浅生ハルミン（あさおはるみん）
1966年生まれ。イラストレーター、エッセイスト。著書に『三時のわたし』（本の雑誌社）、『猫座の女の生活と意見』（晶文社）、『猫のパラパラブックス』シリーズ（青幻舎）などがある。『私は猫ストーカー』（中公文庫）が映画化されて話題となる。趣味は古本とこけしと猫。

ゆこう　ゆこう　銀座の街
ゆこう　ゆこう　月光荘
すてきな　画箱を
すてきな　絵の具を
買いにゆく。
あなたといっしょに。

ゆこう　ゆこう　晴れた日に
ゆこう　ゆこう　山の上に
すてきな　画箱を
すてきな　絵の具を
かかえてゆく。
あなたといっしょに。

かこう　かこう　丘の上
かこう　かこう　口笛で
すてきな　画箱を
すてきな　絵の具を
そろいにあなたとほほえんで。

かこう　かこう　雪の山
かこう　かこう　マキたいて
すてきな　画箱を
すてきな　絵の具を
ゆめのせて
あなたをあたためる。

友よ、かぎりなき愛を

「月光荘カタログ」より

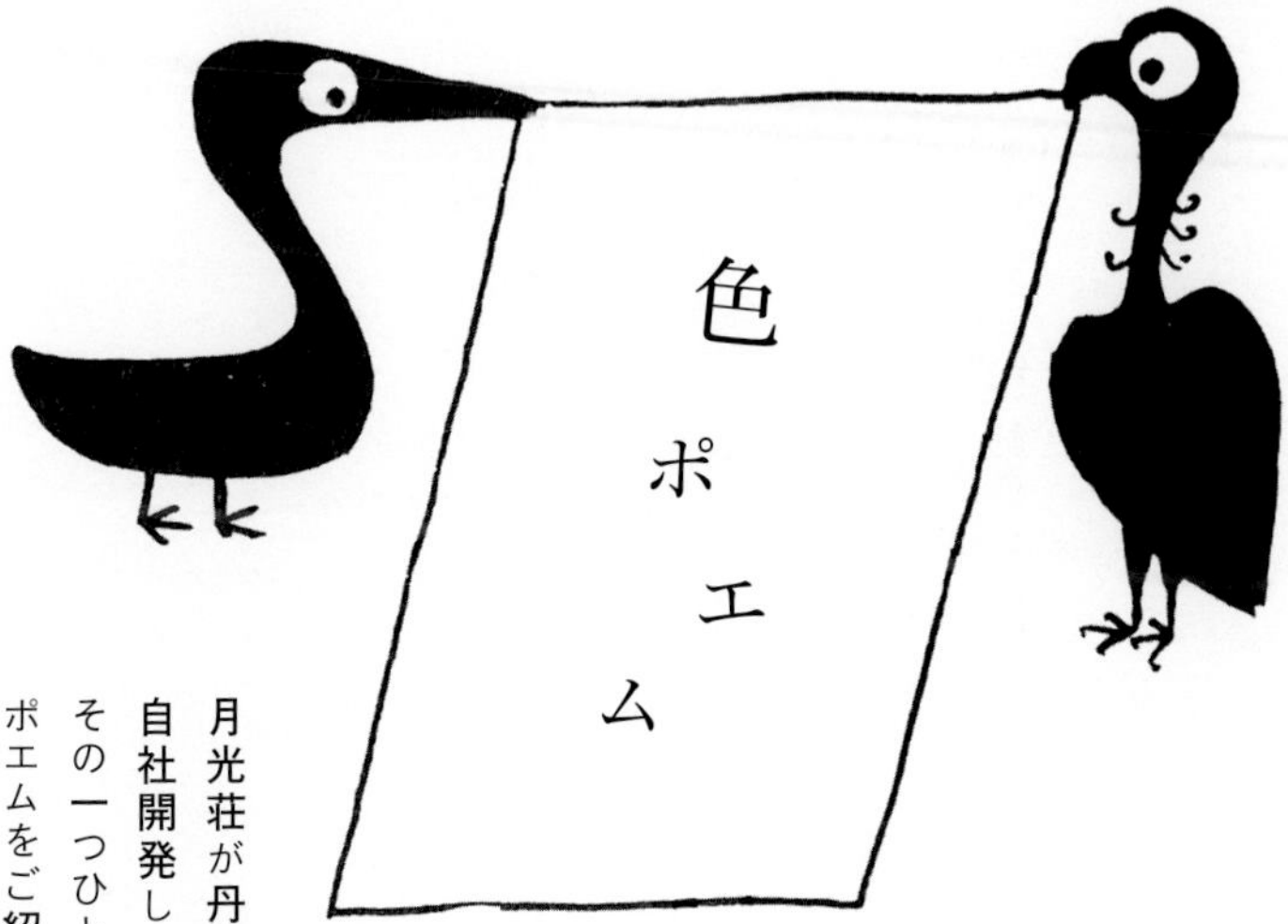

月光荘が丹精込めて
自社開発したエノグと、
その一つひとつにつけられた
ポエムをご紹介します。

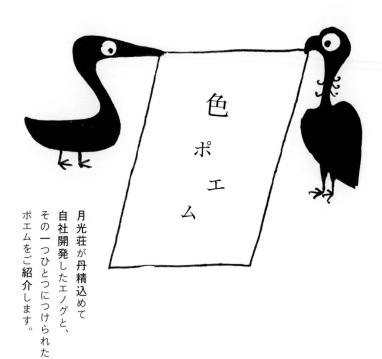

月光荘エノグは
船に乗って
遠い国のエカキサンに
あいにゆきます。

港港で口笛吹けば
みんなが窓から顔を出します。

月光荘エノグは
世界中のパレットにキスします。
エカキサンの胸に灯をともします。

モンマルトルに
月光荘は
野の花のごとく咲く。

「月光荘カタログ」より

コバルトブルー
水晶のように
澄み渡る瑠璃色。
純国産絵の具第一号。

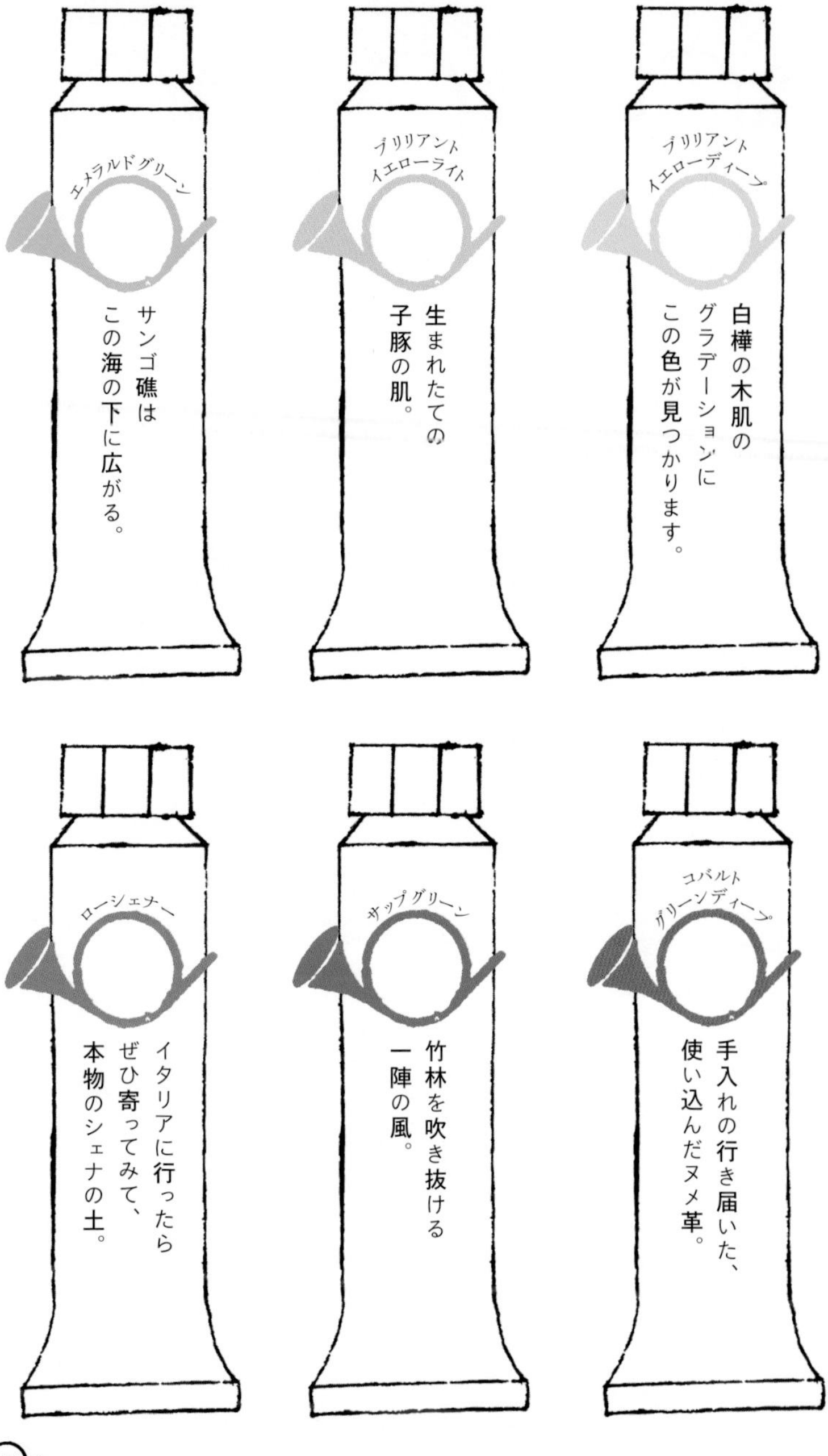
ブリリアントイエローディープ
白樺の木肌の
グラデーションに
この色が見つかります。
ブリリアントイエローライト
生まれたての
子豚の肌。
エメラルドグリーン
サンゴ礁は
この海の下に広がる。
コバルトグリーンディープ
手入れの行き届いた、
使い込んだヌメ革。
サップグリーン
竹林を吹き抜ける
一陣の風。
ローシェナー
イタリアに行ったら
ぜひ寄ってみて、
本物のシェナの土。

カドミウムレッドパープル

はじめて挿した紅の色
少女から淑女へ。

クリムソンレーキ

一番古い、
いにしえの赤。

クロームライトレッド

アフリカでは
人の手で
大地の土をこね
家を建てる。

カーマイン

イチゴジャムの
ビスケット、
僕を呼んでる
ママの声がする。

ローズグレー

恋をした女性を
包みこむオーラ。

カドミウムグリーンミドル

5月の若葉が歌う
生命の賛歌。

コバルトバイオレットライト

庭にさくらそうが
咲きました。
いっぺんに春が来て、
風がやわらかに
なりました。

コバルトグリーンライト

貴婦人が
身にまとうは
翡翠のドレス。

ヴァイオレットブルー

梅雨時に咲き誇る
紫アジサイの花弁。

セルリアンブルー

雲ひとつない盛夏の空。

インディゴ

何処までも深みのある藍。

インディアンレッド

土地の民は知っている、大地は文化の源。

カドミウムイエローライト

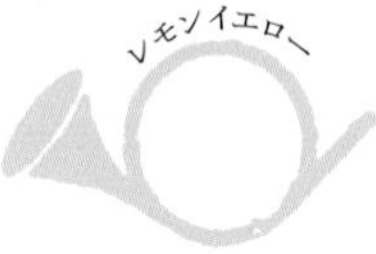

煤塵を押しのけて降り注ぐ太陽の光。

レモンイエロー

レモンの酸味をピュアメープルシロップで柔らかくした色。

クロームグリーンライト

高原の牧場で牛が食む若草。

クロームイエローオレンジ

今にも弾けそうな夏みかん。

ビリジャン

森の奥に住む寂しがりやの魔法使いが緑の葉っぱに手紙を書いてる。友達になっておくれって。

カドミウムグリーンディープ

6月の深緑は思春期のエネルギーに似て。

スカーレット

ステップ踏んで
踊りたくなる赤い赤。

トライアンローズ

ブランコに
ゆられた女の子、
かみに結んだリボンが
空に届くのはもうすぐ。

ローズマダー

するどい棘を持つ
深紅のバラの中心部。

カドミウムレッドライト

情熱の国を
照らす日差し。

カドミウムグリーンライト

土からぴょこんと
芽吹いた葉の色

クロームグリーンミドル

ブローニュの森の緑。

コーラルレッド

若い女性の
活き活き高揚した頬。

カドミウムイエローミドル

エジプトの砂の黄色。

モーブ

どこまでも透明な
茄子紺。

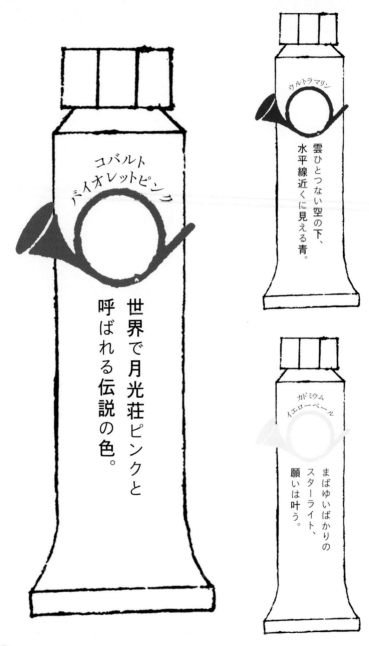

ウルトラマリン

雲ひとつない空の下、
水平線近くに見える青。

カドミウム
イエローペール

まばゆいばかりの
スターライト、
願いは叶う。

コバルト
バイオレットピンク

世界で月光荘ピンクと
呼ばれる伝説の色。

カッスルアース
ものうげな美女の
瞳は多くを語らず。

グレーグレー
月光荘が考える
基本のグレー。

コンポーゼブルー
秋の朝、
赤とんぼを見上げる
雲高い空。

ベネシャンレッド
ベネチアで焼いた
レンガの色。

クロームレッド
バーミリオンに
手が届かない
ところにある朱。

バーミリオン
大草原を輝かす
巨大な夕陽。
圧倒的な透明感の朱。

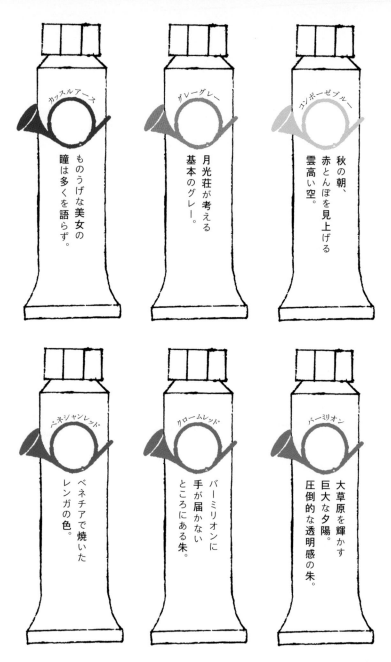

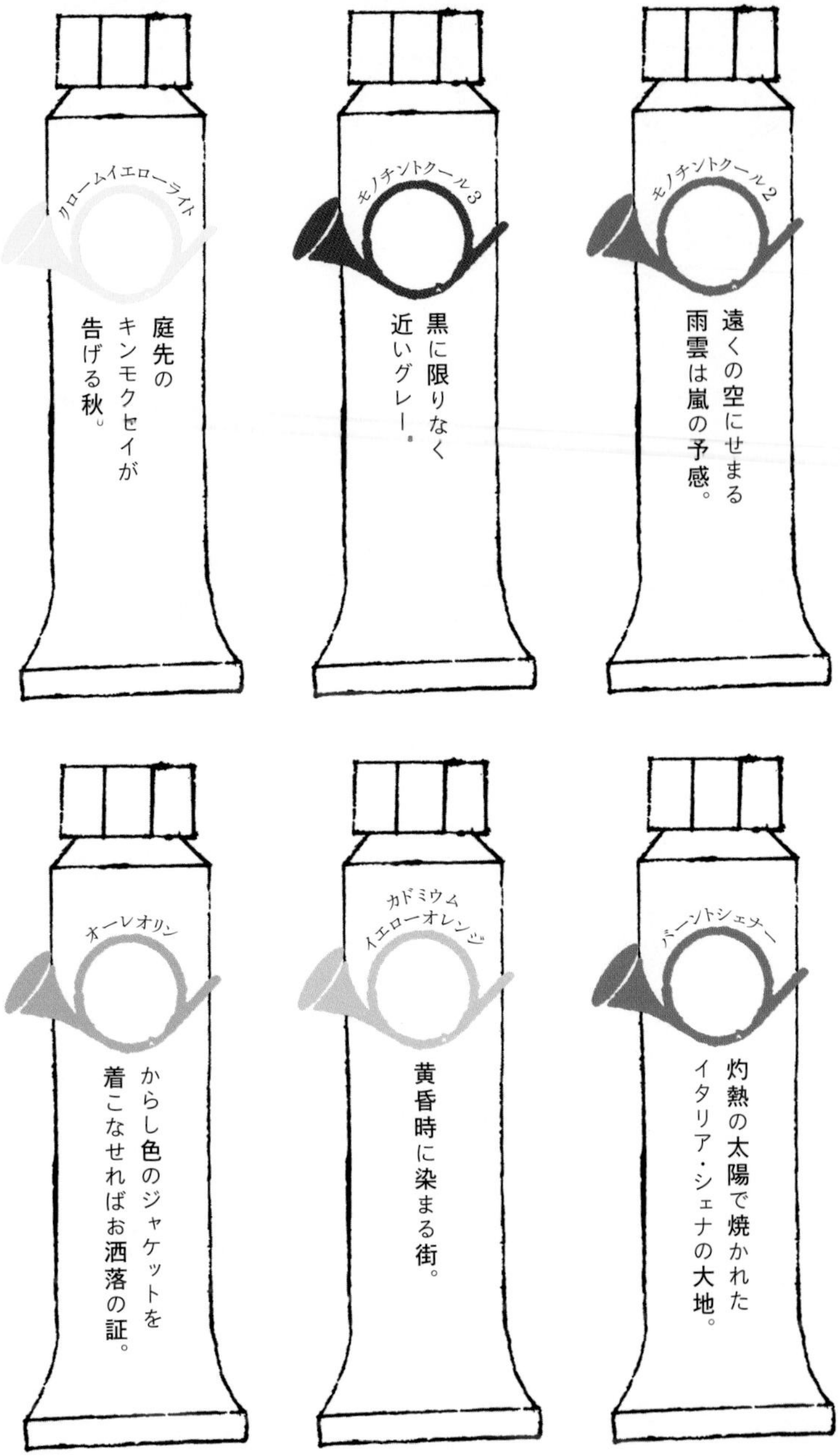
クロームイエローライト
庭先の
キンモクセイが
告げる秋。
モノチントクール3
黒に限りなく
近いグレー。
モノチントクール2
遠くの空にせまる
雨雲は嵐の予感。
オーレオリン
からし色のジャケットを
着こなせればお洒落の証。
カドミウム
イエローオレンジ
黄昏時に染まる街。
バーントシェナー
灼熱の太陽で焼かれた
イタリア・シェナの大地。

プルシャンブルー

一番早起きの空の色。

コバルト
バイオレットディープ

遠い山の紫。

アイボリーブラック

すべての色が吸い込まれる黒の黒。

ピンクマダー

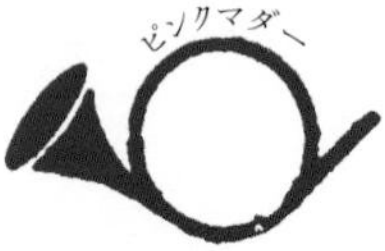

ボルドーの年代物は特別な人との祝いの夜に。

ローズバイオレット

空気をふんだんに含んだふんわりチョコレート。

バンダイキブラウン

深みある茶の中にかすかな生命の赤がさす。

イエローグレー

冬を前にした干し草の香ばしい香り。

セピア

セピア色で知る。おばあちゃんもその昔、恋をした。

ローアンバー

山野を駆け回る野生の馬の毛並み。

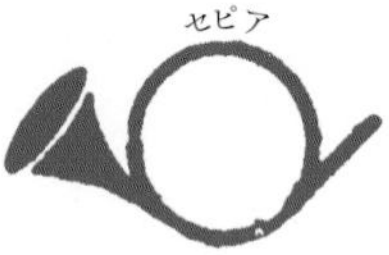

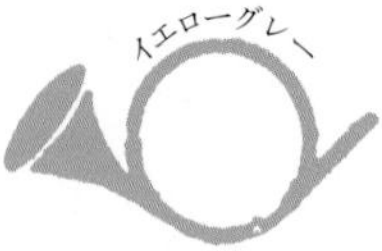

クローム
グリーンディープ

夕刻の森、
そろそろ星が出る。

ストロシャンイエロー

秋深まり、
イチョウの黄金を
踏みしめる散歩道。

クローム
イエローミドル

こたつの中で
頬張るはっさくの
甘酸っぱい色。

バイオレットグレー

うまく炊けた
小豆の色。

テルベルト

岩苔。
透明色なので
油で薄めて上塗りも。

オキサイドグリーン

古い庭園にある
苔むした岩。

ネープルスイエロー

ネープルの
かすかな赤み、
貴婦人の
恋情はつのる。

イエローオーカー
ディープ

素朴な茶封筒に入った
故郷からの手紙。

イエローオーカー
ライト

オアシスを求め、
踏みしめる
砂丘の足下。

バーントアンバー
魅惑の
ホットチョコレート。

テラローズ
堅い樹木の
皮の色。

アジールグレー
雪が今にも
降り出しそうな
凍てつく
北国の冬空。

ピーチブラック
焦がした黒。

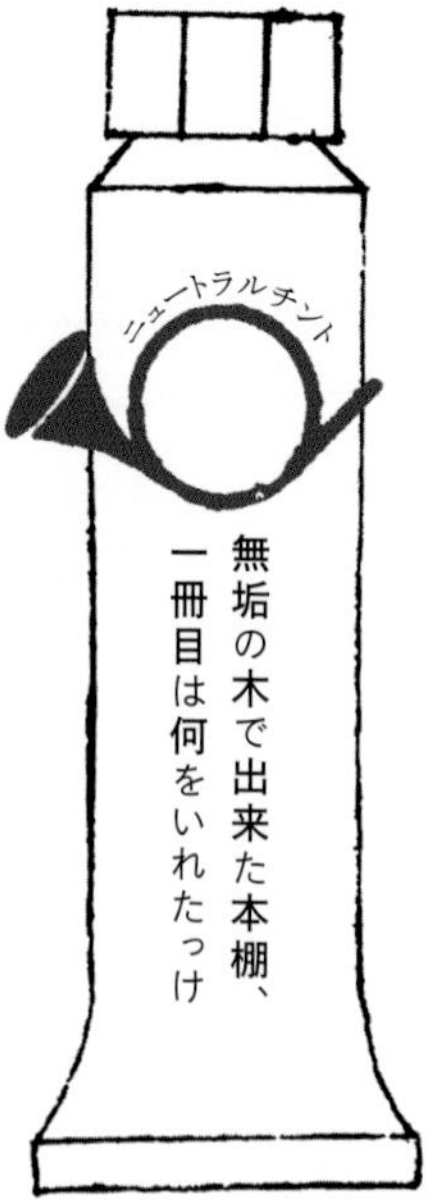
ニュートラルチント
無垢の木で出来た本棚、
一冊目は何をいれたっけ

グリーングレー
おじいちゃんの
自慢のセーターは
やさしい緑色。

シルバーホワイト

あたたかみのある白。
女性の白肌。カドミウム
バーミリオンに合わせると
黒変するのでご注意。

チタンホワイト1

「壁面を塗ってもホコリが積もらないないよう、
盛り上がりの少ないクリーミーな白を」という、
猪熊弦一郎先生からの要望で生まれた
練りの柔らかい白。

ジンクホワイト

透明感のある白。
何色と混ぜても変色しません。
ひび割れが生じるので、
下地には向きません。

チタンホワイト2

白の恋人、本命版！
月光荘の「白」はとても
効きます。ご自慢の強さ。
他の絵の具と同様の練り加減。

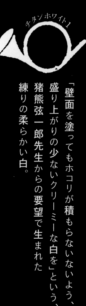

エノグ屋の言葉集

月光荘のユーモアカードと色ポエム

1917年（大正6年）創業の画材店。
歌人の与謝野鉄幹・与謝野晶子夫妻が、
創業者の橋本兵蔵を可愛がり、
「大空の　月の中より君来しや　ひるも光りぬ　夜も光りぬ」
と詠んで「月光荘」と名付けた。
トレードマークは「友を呼ぶホルン」。
自社工場にて絵の具や筆を製造、
その他スケッチブックや文具などオリジナル製品のみを扱う。
ウス点スケッチブックとアルミパレットが、
グッドデザイン・ロングライフデザイン賞を受賞。
2013年に「月光荘サロン・月のはなれ」をオープン。
著書に『人生で大切なことは月光荘おじさんから学んだ』
（創業100周年の2017年、産業編集センター／刊）がある。

月光荘
gekkoso

2021年3月15日　第1刷発行

著　　　　　月光荘画材店
題字　　　　牧野伊三夫
デザイン　　芝　晶子（文京図案室）
編集　　　　松本貴子（産業編集センター）
発行　　　　株式会社産業編集センター
　　　　　　〒112-0011
　　　　　　東京都文京区千石4丁目39番17
　　　　　　電話　　　03-5395-6133
　　　　　　ファックス　03-5395-5320
印刷・製本　萩原印刷株式会社

©2021 GEKKOSO　Printed in Japan
ISBN978-4-86311-291-9　C0095